BRETAGNE
NORMANDIE

Photos: Eberhard Grames
Florian Werner

Text: Robert Omnès
Alfred Pletsch
Gerhard Weber
J.B.M. Vicomte
de la Varende

Bucher

BRETAGNE NORMANDIE

Farbphotos: Eberhard Grames
Schwarzweißphotos: Florian Werner

Konzeption: Jürg-Peter Huber, Axel Schenck
Graphische Gestaltung: Bertram Schmidt
Übersetzung der Beiträge Omnès und La Varende:
  Robert Schnieper
Textredaktion: Jürg-Peter Huber, Dieter Löbbert
Herstellung: Johannes Eikel

© 1983 by Verlag C. J. Bucher GmbH,
München und Luzern
Alle Rechte vorbehalten
Printed and bound in Germany
ISBN 3 7658 0404 5

Schutzumschlag: Frankreichs Westspitze, die Pointe du
  Raz
Vor- und Hintersatz: Ausschnitte aus der Tapisserie
  der Königin Mathilde in Bayeux von der Eroberung
  Englands 1066
Haupttitel: Menhire von Carnac — kultisches Zeugnis
  neolithischer, vorkeltischer Bretonen
Schmutztitel: Schloß Landal, Bretagne

Seiten 4/5: Bei Saint-Malo. Stich von 1834
Seiten 6/7: Bei Le Havre. Stich von 1834
Seite 14: Die Megalithen von Carnac nach einem Stich
  von 1844
Seite 82: Brest nach einem Stich von 1844
Seite 150: Die Kathedrale von Rouen nach einem Stich
  von 1843

Inhalt

Frankreichs Nordwesten im Wandel

Bretagne und Normandie — zwei ungleiche Landschaften

Die immer noch verbreitete Vorstellung, daß Frankreich gleich Paris, und Paris gleich Frankreich sei, bestätigt sich nur dem oberflächlichen Betrachter, der die politisch-zentralistische Struktur der französischen Nation vor Augen hat. In Wirklichkeit gibt es kaum ein Land in Europa, das in sich größere Gegensätze birgt – Gegensätze, die sich in den Landschaften, den Menschen, den Siedlungen und den wirtschaftlichen und kulturellen Eigenheiten dokumentieren. Wehe dem unbedachten Fremden, der die Bretonen einfach mit den Franzosen gleichsetzt! Und wer ganz hartnäckig daran festhält, daß Paris nun einmal das Herzstück Frankreichs sei, dem wird in der Bretagne im Brustton der Überzeugung vorgehalten, daß sich der Name «Paris» ja etymologisch aus «pareille à Is» ableite, daß also die sagenumwobene Stadt- und Burganlage des Grals viel eher und viel schöner bestanden habe als die Hauptstadt und man dieser Schönheit eben nur nacheifern könne. Nicht ohne Andacht und Ehrfurcht wird man in der Baie des Trépassés, unweit der Pointe du Raz, dem westlichsten Punkt Frankreichs, auf die Stadt Is hingewiesen, die der Sage nach im 6. Jahrhundert vom Meer überflutet wurde, nachdem Dahut, die Gralstochter, ihrem schlafenden Vater den goldenen Schlüssel zum schützenden Deich vor der Stadt entwendet hatte. Aus Liebe zu einem verführerischen jungen Mann, dem Teufel in Menschengestalt, öffnete sie die Schleusentore und vernichtete damit die Stadt und sich selbst. Seitdem ziehe sie als Sirene die Seeleute zu sich in die Tiefe.

Auch die Normannen lassen sich nur ungern mit den Franzosen identifizieren. Die Begründung fällt auch ihnen nicht schwer, denn sie verweisen auf ihre nordeuropäische Herkunft und damit darauf, daß sie mit den romanisierten Franzosen nur wenig gemein und sich trotz der Nähe zur Ile de France seit der Eroberung ihres Landes an der unteren Seine im 9. Jahrhundert viele Eigenheiten bewahrt und zahlreiche Einflüsse von außen erfolgreich abgewehrt haben.

Je weiter man nach Westen gelangt und sich damit von der Hauptstadt entfernt, um so geringer wird offensichtlich ihre Ausstrahlung. Man denke nur an die bretonische Sprache, die sich in der Niederbretagne westlich der Linie Saint-Brieuc—Vannes bis heute erhalten hat.

Aufgrund der historischen Entwicklung der beiden ehemaligen Provinzen Normandie und Bretagne, vor allem auch wegen der ethnischen Herkunft ihrer Bewohner und der Tatsache, daß sie sich als Immigranten oder Eroberer im Westen Frankreichs verstehen, ist man versucht, die Gemeinsamkeiten hervorzuheben. Und doch sind es gerade die Gegensätzlichkeiten, die sich bei einer ersten Betrachtung von Normandie und Bretagne in vielerlei Hinsicht offenbaren. Die geographischen Merkmale machen dies vielleicht am ehesten deutlich, auch wenn ihnen die politischen oder administrativen Grenzen nicht genau entsprechen.

Geologisch gehört die Bretagne zu einem sehr alten Gebirgsmassiv, dessen Oberfläche aufgrund der Abtragungsvorgänge weitgehend eingerumpft ist, so daß sich heute eine hügelige, wellige Landschaft präsentiert. Der größte Teil der Normandie gehört demgegenüber zu der Sedimentabfolge des Pariser Beckens. Damit liegen hier völlig andere Landschaftsformen vor — nämlich weite, in sich wenig gegliederte Verebnungen, die durch markante Schichtstufen voneinander getrennt sind.

Ein anderes augenfälliges Beispiel für die Verschiedenheit beider Regionen sind die Haustypen, vor allem deren Konstruktionsweise. In der Normandie findet sich, mit Ausnahme des Südwestens, das normannische Fachwerk, dessen Ursprung man in der Bauart der Wikingerschiffe zu sehen glaubt. In der Bretagne dominiert demgegenüber das aus Granitblöcken oder aus geschieferten Steinplatten erbaute Haus mit lang herabgezogenem Dach und den charakteristischen Giebelkaminen.

Daneben gibt es durchaus auch verbindende Elemente. Das Meer hat für beide Regionen immer eine große Rolle gespielt, wenngleich für die Bretagne stärker als für die Normandie. Diesem Meer verdanken beide Landschaften verwandte klimatische Gegebenheiten, unter denen die vermeintlich häufigen Niederschläge von Kritikern besonders im Hinblick auf den Tourismus hervorgehoben werden. Gemeinsam ist auch die tiefe Verwurzelung in der Geschichte und das Festhalten an vielen traditionellen Wertvorstellungen. Gemeinsam ist die große Bedeutung der Landwirtschaft, die trotz erheblicher Anstrengungen zur Wirtschaftsentwicklung in anderen Bereichen bis heute kennzeichnend ist. Gemeinsam ist schließlich ein unverwechselbarer landschaftlicher Reiz, der sich aus dem Zusammenspiel vieler Aspekte ergibt — Aspekte, die nicht alle und nur unvollständig behandelt werden können. Nur durch eigenes Erleben kommt man diesen Landschaften wirklich näher.

Die Bretagne — das älteste Land Europas

Erdgeschichtlich gehört die Bretagne zu den ältesten Teilen Europas. Der Blick auf die geologische Karte Frankreichs zeigt relativ klar gegliederte Grundstrukturen. Wie die Pfeiler eines Zirkuszelts stellen sich die vier alten Massive dar, die das Becken von Paris umgeben: armorikanisches Massiv, Zentralmassiv, Ardennen und Vogesen. Das Zentralmassiv im südöstlichen Landesteil bildet dabei den größten zusammenhängenden Gebirgsstock des Erdaltertums (Paläozoikum). Von hier aus haben sich vor etwa 300 Millionen Jahren zwei Hauptachsen der Gebirgsbildung angelegt: der variskische Bogen in nordöstlicher Richtung, der über Ardennen und Vogesen verläuft und sich im Rheinischen Schiefergebirge nach Mitteleuropa fortsetzt, und der herzynische Bogen, der über die Aquitanische Schwelle das bretonische Massiv erfaßt und damit die Verbindung nach Südwestengland und Irland herstellt. Der herzynische Bogen wird auch als der «armorikanische» bezeichnet, was direkt auf die Bretagne hinweist, die auch «armorikanische Halbinsel» genannt wird. «Armor» bedeutet in der bretonischen Sprache «Küstenland», ihm wird das Landesinnere als «Argoat» (Waldland) gegenübergestellt. Die «Aremorika» ist somit das «vom Meer umgebene Land», und für welchen Teil Frankreichs würde diese Bezeichnung besser zutreffen? Der Nichtgeograph wird sich jedoch über das Wort «Massiv» wundern, denn im heutigen Landschaftscharakter der Bretagne ist kaum noch etwas von einem Gebirge zu vermuten.

Dieser Eindruck ist sicher richtig, und nur die Vorstellung von einer starken Abtragung des ehemaligen, über 4000 Meter hohen Faltengebirges und der damit verbundenen Einrumpfung der Formen macht die heutige leicht wellige und hügelige Oberflächenform der bretonischen Halbinsel erklärbar. Dennoch haben sich zwei ganz markante Leitlinien des ehemaligen Gebirges erhalten, die sich wie das geologische Rückgrat der Aremorika in westöstlicher Richtung erstrecken: die Monts d'Arrée im Norden, die im 391 Meter hohen Montagne Saint-Michel ihre höchste Erhebung und gleichzeitig den höchsten Punkt der Bretagne überhaupt haben, und die Montagne Noire im Süden.

Die Bergkette der Monts d'Arrée ist aus besonders harten Gesteinen aufgebaut, die sich der Erosion mit mehr Erfolg widersetzt haben. Gneise, Schiefer, Quarzite, Porphyr und Amphibolite wechseln sich an der Oberfläche ab. Im Norden des Härtlingszuges befinden

sich die beiden historischen Landschaften des Léon zwischen Brest und Morlaix sowie des Trégorrois, das östlich anschließend bis nach Saint-Brieuc reicht. In diesen plateauartigen Landschaften dominiert der Granit, der besonders im Küstenabschnitt zwischen Perros-Guirec und Paimpol durch seine bizarren Formen und die durch einen hohen Feldspatanteil verursachte rosa Färbung eine touristische Attraktion bietet.

Südlich der Monts d'Arrée schließt sich eine in West-Ost-Richtung verlaufende Ausraumzone an: das Becken von Châteaulin, welches bereits der historischen Landschaft Cornouaille zuzurechnen ist. Hier haben sich in weicheren geologischen Schichten, vor allem in karbonischen Schiefern, raschere Abtragungsvorgänge vollzogen. Die Aulne folgt heute stark mäandrierend dieser Senkenzone und entwässert den zentralen westlichen Teil der Bretagne bis weit in das Landesinnere hinein.

Im Süden wird dieses Bassin dann von einem zweiten Härtlingszug begrenzt, der Montagne Noire. Er besteht überwiegend aus stark verfestigten Sandsteinen und Quarziten und erhebt sich im Roc de Toullaëron bei Gourin auf 326 Meter. Südlich von Saint-Brieuc vereinigen sich die beiden Höhenzüge im Plateau de Rohan, einer stark zergliederten Hochfläche, in deren Zentrum sich der Lac de Guerlédan, ein beliebtes Freizeitzentrum im Inneren der Bretagne, befindet.

Der südliche Küstenstreifen der Halbinsel hat ebenfalls Plateaucharakter, doch sind die eingerumpften, kristallinen Gesteinsformationen, unter denen wiederum der Granit dominiert, sehr stark durch tief eingeschnittene Täler und durch zahlreiche küstenparallel verlaufende Bruchlinien untergliedert.

Auch die Hochbretagne (Haute-Bretagne) weist etwa diese geologisch-morphologische Großgliederung auf. Zentrum der Hochbretagne ist das Becken von Rennes, das im Norden durch die Collines de Bécherel, im Süden durch die Landes de Lanvaux begrenzt wird. Die geologische Struktur wird in diesem Bereich durch in Nord-Süd-Richtung verlaufende Störungslinien kompliziert, da sich damit zwei tektonische Systeme kreuzen. Das morphologische Spektrum ergänzt sich im Küstenbereich durch Marschablagerungen, die ja ansonsten in Frankreich selten sind. Besonders in der Bucht des Wahrzeichens der beiden Landschaften, des Mont-Saint-Michel, sind ausgedehnte Marschen, etwa der Marais de Dol, dem alten Gebirgsstock vorgelagert, so daß sich hier ein seichter Übergang zum Meer ergibt. Analog findet sich im Mündungsbereich der Loire die Grande Brière. Natürlich hört die Aremorika nicht an der heutigen Verwaltungsgrenze der Bretagne auf, sondern setzt sich im Osten und Süden noch weiter fort. Der westliche Teil der normannischen Halbinsel Cotentin gehört ebenso noch zu dem alten Massiv wie die südlich der unteren Loire gelegene Vendée, die auch einmal zur Bretagne zählte. Erst die jüngsten Verwaltungsreformen haben aus der Bretagne einen Torso gemacht, der nicht nur einen historischen Anachronismus bedeutet, sondern dem auch das wirtschaftlich bedeutende Departement Loire-Atlantique mit Nantes fehlt.

Nun wäre eine geologisch-morphologische Charakterisierung nicht vollständig, würde man nicht besonders auf die Küstenformen eingehen. Verwunderlich ist, daß fast überall in der Bretagne Klippen- oder Steilküsten bestehen — mit Ausnahme einiger Küstenhöfe und natürlich der Marschen. Dies erklärt sich aus der Tatsache, daß das eingerumpfte Gebirge in jüngeren Epochen, vorwiegend im Rahmen der alpidischen Gebirgsbildung während des Tertiärs vor etwa 50 Millionen Jahren, wieder gehoben wurde. Die zahlreichen Gewässerlinien wurden dadurch erneut einer Tiefenerosion unterworfen. Stellenweise betrug diese Hebung bis zu 130 Meter. Vor allem während des Eiszeitalters veränderte sich auch der Meeresspiegel als Folge von eustatischen Schwankungen (beruhend auf unterschiedlichen Mengen in Eis gebundenen Wassers) beziehungsweise isostatischen Veränderungen (Landhebungen und Senkungen), die bis in die heutige Zeit andauern. Durch diese erdgeschichtlich komplizierten Vorgänge wurden die tief ausgeräumten Täler der Bretagne im Küstenbereich vielerorts durch das Meer wieder überflutet. Ihr bretonischer Name ist «Aber»; sie sind besonders berühmt an der Nordküste des Léon (Aber-Wrac'h, Aber-Benoît, Aber-Ildut), aber auch an der Cornouaille-Küste (Tal des Odet zwischen Benodet und Quimper). Ebbe und Flut wirken sich in diesen Abers bis weit in das Landesinnere hinein aus und ermöglichen damit einen geschützten Zugang zu Häfen wie Quimper oder Lorient, aber auch eine rege Sportanglertätigkeit. Eine besondere Bedeutung hat die Aber der Rance bei Saint-Malo, in der sich das einzige Gezeitenkraftwerk Europas befindet. Die 24 Turbinen (je 10000 Kilowatt) in dem insgesamt 730 Meter langen Kraftwerk sind in der Lage, jährlich bis zu 550 Millionen Kilowattstunden Elektrizität zu liefern.

Über diesen rein wirtschaftlichen Aspekt und die morphologische Besonderheit der Abers hinaus ist vor allem auch ihre landschaftliche Schönheit hervorzuheben, die ja im Zusammenhang mit dem Tourismus ebenfalls ein wichtiges wirtschaftliches Attribut darstellt. Die zahllosen Schlösser und Landsitze an ihren Ufern ergänzen eindrucksvoll diesen Landschaftscharakter.

Zu den landschaftlichen Reizen der bretonischen Küste gehören auch die vielen Buchten (etwa des Mont-Saint-Michel, von Saint-Brieuc, Douarnenez und Audierne). Besonders attraktiv ist der Golf von Morbihan mit seinen über 300 Inseln (davon 80 bewohnt), wo die im Wasser stehenden Menhire von Gavrinis ein eindrucksvolles Zeugnis des Meeresspiegelanstiegs der letzten 5000 Jahre ablegen, aber auch die zahllosen vorgelagerten Inseln, die ehemals Bestandteil des Festlands gewesen sind. Durch diese besondere morphologische Struktur verfügt die Bretagne über rund 1200 Kilometer Küste, wenngleich bei direkter Messung die Halbinsel eigentlich nur einen Umfang von 600 Kilometern

aufweist. Nimmt man alle Inseln hinzu, so verdoppelt sich diese Küstenlinie nochmals auf rund 2500 Kilometer — genausoviel wie die von Restfrankreich.

Nicht nur hiermit kann sich die Bretagne rühmen, sondern auch mit der Tatsache, daß sie über die meisten und vielseitigsten Badestrände des Landes verfügt: von den feinen Sandstränden La Baules in der Mündung der Loire oder Quiberons auf der südbretonischen Halbinsel bis hin zu den reizvollen kleinen Küstenbuchten der Cornouaille oder des Trégorrois, in denen das Wasser wegen des fein verwitterten Granitgruses besonders klar und sauber ist.

Die Entwicklung dieser Küsten ist bis heute nicht abgeschlossen. Wer dem Naturschauspiel des aufprallenden Meeres an der Pointe de la Torche unweit des berühmten Kalvarienberges von Tronoën auf der Halbinsel von Penmarch oder an der Pointe du Raz beiwohnt, kann sich unschwer vorstellen, daß hier auch in erdgeschichtlich kurzen Zeiträumen Veränderungen stattfinden. Man ist versucht, die Bretagne als ein Land zu verstehen, welches das Meer bisher nicht hat restlos zerstören können — ein Land, das aber übersät ist von den Wunden, die es ihm geschlagen hat. Vielleicht sind die Bretonen gerade deshalb so sehr mit ihrem Land, aber auch mit dem Ozean verbunden.

Das Meer bestimmt Wetter und Vegetation

Unter den geläufigsten Vorurteilen über die Bretagne ist das über das rauhe Klima sicher am häufigsten zu hören. Man akzeptiert die landschaftliche Schönheit, die Besonderheit dieses Landes, zieht aber für den Urlaub den sonnensicheren Süden vor, um braungebrannt wieder in den Norden zurückzukehren.

Und doch ist dieses Vorurteil nicht richtig. Natürlich sind die Wetterverhältnisse der Bretagne nicht mit denen Südfrankreichs zu vergleichen, wo bereits das subtropische Übergangsklima des Mittelmeerraums vorherrscht. Der Witterungsverlauf der Bretagne ist gekennzeichnet durch eine ausgesprochene Maritimität — ein Seeklima mit all seinen positiven und negativen Eigenschaften. Die Bretonen sagen selbst, daß man in ihrem Land an jeder Stelle das Meer riechen könne.

Zu den positivsten Attributen dieses Klimas zählen zweifellos die milden Temperaturen. Die Unterschiede zwischen Tag und Nacht, aber auch zwischen den verschiedenen Jahreszeiten, sind weit weniger ausgeprägt als im Landesinneren. Die Ursache hierfür liegt darin, daß sich das umgebende Meer langsamer erwärmt als die Landmassen, sich aber auch wesentlich langsamer abkühlt. Besonders im Winter wird dieser mäßigende Einfluß des Meeres deutlich, denn zumindest in den Küstenbereichen der Bretagne sind Frost und Schnee außerordentlich selten. Die Durchschnittstemperatur im Monat Januar beträgt auf der Insel Ouessant acht Grad Celsius, in Brest und Quimper sieben Grad. Das entspricht dem Wert von Nizza an der Mittelmeerküste, das sich im vergangenen Jahrhundert wegen der milden Wintertemperaturen zum Luxusbad Europas entwikkelte. Wenn man bei dem Vergleich dennoch vorsichtig sein muß, so vor allem wegen der Windexponiertheit der bretonischen Westküste und den häufigen Regenschauern, die natürlich dem Mittelmeerklima in dieser Form fehlen.

Milde Winter sind somit ein besonderes Kennzeichen der Bretagne; ihnen stehen gemäßigte, aber beileibe nicht kühle Sommer gegenüber. Die Durchschnittstemperatur im Juli beträgt in Quimper 17,3, in Saint-Malo 18,5, in Lorient 18,3 Grad. Diese Werte sind deutlich niedriger als in der südlichen Landeshälfte. Bereits in Les Sables-d'Olonne an der Vendéeküste steigt das Thermometer auf 19,5 Grad an. Mit 2562 Sonnenstunden im Jahr wird hier fast der Wert von Antibes am Mittelmeer (2749 Stunden) erreicht. Im Bereich von Le Croisic reicht die Sonnenintensität immerhin aus, um in weitflächigen Salzgärten dem Meerwasser das Salz zu entziehen. Ziemlich regelmäßig verzeichnet die Bretagne in den Monaten Juli und August eine stabile Schönwetterperiode — im Gegensatz zu den Britischen Inseln mit ihren häufigen Jahren ohne eigentlichen Sommer.

Es sind jedoch ohnehin weniger die Temperaturen als der Regen, den man der Bretagne so oft vorwirft und als Begründung dafür anführt, den Urlaub woanders zu verbringen. Das ist sicherlich nur zu einem gewissen Teil richtig. Die Bretagne verzeichnet fast überall zwischen 150 und 200 Regentage im Jahr, aber das ist nur etwas für Statistiker. Für sie ist ein Regentag ein Tag mit Niederschlag, und den gibt es in der Bretagne in der Tat häufig. Aber das Wetter wechselt, besonders im Sommer, sehr rasch; und vor allem während des Sommerhalbjahres sind mehr die kurzen Schauer als die «crachins», die Nieselregen im Herbst und Winter, typisch. Das Wetter ändert sich mehrmals täglich, häufig im Rhythmus der Gezeiten, mit denen sich der Wind und die Luftmassen drehen. Oft strahlt nach einer halben Stunde Regen schon wieder die Sonne.

Wer nicht einen azurblauen Himmel vergöttert und sich über ein solches Wechselspiel der Natur freuen kann, der sollte die Bretagne aufsuchen.

Die Jahresniederschlagsmengen der Bretagne liegen im Durchschnitt lediglich bei etwa 800 Millimeter pro Quadratmeter, an den Küsten deutlich darunter. Das ist weniger, als in unseren Mittelgebirgen verzeichnet wird. Selbst an den Küsten des Mittelmeeres liegen diese Werte erheblich höher — nur daß sie dort meist in Form von winterlichen Starkregen fallen, während sie sich in der Bretagne gleichmäßiger über das Jahr verteilen und dann häufig in Form von Niesel- oder Landregen vorkommen, wobei glücklicherweise die Sommermonate im allgemeinen eine Ausnahme bilden.

Die natürlichen Vegetationsformen sind sowohl vom Klima als auch vom Gestein und Relief abhängig. Der Begriff des «Argoat», des Waldlandes, für die innere Bretagne leitet indessen völlig fehl, denn geschlossene Waldbestände im mitteleuropäischen Sinne sind selten, und je weiter man nach Westen gelangt, um so spärlicher werden sie. Das Departement Finistère ist lediglich zu vier Prozent mit Wald bedeckt, für die gesamte Bretagne sind es rund sieben Prozent.

Was berechtigt also dazu, von einem Waldland zu sprechen? Die Antwort wird jedem verständlich, der die Bretagne bereist und den Eindruck gewinnen muß, ständig an Baumreihen und Hecken vorüberzufahren. Das Stichwort heißt «Bocage». Gemeint ist damit jene Heckenlandschaft, die nicht nur einen großen Teil der Bretagne kennzeichnet, sondern den gesamten westeuropäischen Grünlandgürtel, der sich im Norden über die Normandie, die Beneluxstaaten, Norddeutschland, Dänemark bis nach Südschweden fortsetzt und im Süden bis nach Galizien, der Nordostecke der Iberischen Halbinsel, reicht. Nicht so sehr der Schutz vor den Winden und ihrer austrocknenden Wirkung als bestimmte Rechtsformen sind die Gründe für die Ausprägung des Bocage, denn das Recht auf Einfriedung einer Parzelle bedeutete eine Fixierung des Besitzanspruchs.

Der Bocage ist also keine natürliche Vegetationsform, sondern vom Menschen geschaffen. Natürlich, wenngleich nicht unbedingt ursprünglich, sind demgegenüber die ausgeprägten atlantischen Heiden, die «Landes», die große Teile der inneren Bretagne bedekken, sich teilweise sogar bis an die Küsten vordrängen. Leitpflanzen dieser Heiden, die vielerorts als Sekundärvegetation an die Stelle des Waldes traten, sind vor allem Ginster und Heidekraut. Wo immer der Mensch den Boden nutzen konnte, fielen die Wald- und Heideareale der Rodung zum Opfer, so daß heute insgesamt nur noch Reliktformen übriggeblieben sind. Am weitesten sind diese Areale noch in der Westbretagne verbreitet, während im Becken von Rennes und in der Hochbretagne die natürlichen Vegetationsformen stark zurücktreten.

Die Menschen und ihre Siedlungen

Daß die Bretonen erst in zweiter Linie Franzosen sind, daran lassen sie selbst keinerlei Zweifel. Geschichtlich gibt ihnen die Tatsache recht, daß sich die keltische Urbevölkerung, in diesem Raum die Gallier, den Romanisierungsbestrebungen Cäsars entweder durch die Emigration auf die gegenüberliegenden Britischen Inseln entzog oder im Widerstand gegen die Römer ihre Eigenständigkeit und Identität verteidigte, was ihr auch besser gelang als in anderen französischen Regionen. Als dann aber im 5. bis 7. Jahrhundert die Angeln und Sachsen die Britischen Inseln im Zuge der Völkerwanderung überfluteten, flüchteten die Britanni (auch Britones) wieder zurück auf die armorikanische Halbinsel, die so zur Britannia cismarina (auch Britannia minor) und schließlich zur Bretagne wurde.

Das Bewußtsein ihrer völkischen und kulturellen Eigenständigkeit hat die Bretagne immer in Opposition zu Frankreich gehalten — auch dann noch, als das Herzogtum im Jahre 1532 endgültig mit der französischen Krone vereint wurde. Über Jahrhunderte hinweg besaß das Gebiet die höchsten Geburtenraten Frankreichs. Bedeutete diese Bevölkerungszunahme eine Stärkung der eigenen Identität, so doch auch gleichzeitig zunehmende wirtschaftliche Not. Denn das karge Land und das Meer waren schon bald nicht mehr in der Lage, all diese Menschen zu ernähren, so daß sich die Bretagne schon früh zum Emigrationsland entwickelte. Bereits im 17. Jahrhundert kam es im Zusammenhang mit der kolonialen Erschließung Nordamerikas zur Abwanderung vieler Bretonen, vor allem nach La Nouvelle France, der späteren Provinz Québec. Auf den Iles-aux-Coudres im Sankt-Lorenz-Strom wird bis heute bretonisch gesprochen. Auch die alten «Seigneurien» im Sankt-Lorenz-Tal, die Steinhäuser der Kolonisatoren aus dem 17. und 18. Jahrhundert, weisen eine frappierende Ähnlichkeit mit dem bretonischen Haustyp auf. Aber erst ab dem beginnenden 19. Jahrhundert läßt sich die Entwicklung statistisch genauer verfolgen, nachdem im Jahre 1790 als Folge der Revolution eine Unterteilung des Landes in Departements und ab 1801 regelmäßige Volkszählungen durchgeführt wurden. In der ersten Hälfte des 19. Jahrhunderts vermehrte sich beispielsweise die Bevölkerung des Departements Finis-

tère um 38 Prozent, in den übrigen bretonischen Departements um rund ein Drittel. Damit wurde der Platz immer enger, und als um die Mitte des Jahrhunderts verheerende Mißernten und Hungersnöte ausbrachen, war die Abwanderung oft die einzige Möglichkeit des Überlebens.

Es ist dies die Zeit des raschen Städtewachstums im Rahmen der Industrialisierung, aber auch der Emigration in die Neue Welt. An beiden Wanderungsbewegungen hat die Bretagne einen großen Anteil gehabt. In Amerika waren die Hauptziele für die Auswanderer die kanadischen Prärieprovinzen, die seit den siebziger Jahren des 19. Jahrhunderts erschlossen wurden. In Frankreich selbst war es vor allem die Hauptstadt Paris, an die viele der Abwanderer ihre Existenzhoffnungen knüpften. Zwischen 1850 und 1950 verlor die Bretagne über eine Million Menschen durch Abwanderung ins Ausland oder in andere Landesteile.

Die Folge war, daß die Bevölkerungszahlen der Bretagne seit der Mitte des vorigen Jahrhunderts nicht mehr wesentlich anstiegen. Der Geburtenüberschuß wurde durch die Abwanderungen wettgemacht. 1851 zählte die Provinz 2,3 Millionen Einwohner, 1954 waren es nur 30000 mehr. Seither erfolgt eine allmähliche Zunahme im Rahmen der wirtschaftlichen Stabilisierung der Region, die jedoch nur langsam vor sich geht.

Morlaix nach einem Stich von 1844.

Im Jahre 1980 lebten 2,65 Millionen Menschen auf der Halbinsel. Eine zu positive Bewertung dieser Veränderungen sollte jedoch nicht erfolgen, denn diese verbindet sich mit einem tiefgreifenden wirtschaftlichen Wandel, der vor allem den ländlichen Raum erfaßt. Die Zunahmen betreffen vor allem die Städte: Rennes, die Hauptstadt, zählt heute allein etwa 230000 Einwohner (gegenüber 181000 im Jahre 1968), Brest fast 180000, Quimper folgt in einem größeren Abstand mit 70000

Bocage, der Heckenlandschaft, und sind nur durch Hinweise auf kleinen Holzschildchen an der Straße angedeutet. Einige Sprachkenntnisse lassen dabei schon häufig die Art der Siedlung erkennen: «Ker» bedeutet einen Einzelhof (manchmal auch ein Dorf), «Ti» steht für Haus, «Plou» für Kirchspiel oder Kirchort, «Loc» für Dorf. Das typische bretonische Haus ist aus Stein gebaut, aus Granit oder Gneis oder sonstigen harten Gesteinen, die behauen, häufig aber auch unbehauen

Landerneau nach einem Stich von 1844.

Einwohnern. Nimmt man Nantes mit seinen rund 280000 Menschen hinzu, so wird deutlich, daß heute ein starker Urbanisierungstrend in der Bevölkerung besteht.

Neben der Abwanderung vom Land in die Städte ist die generelle Verlagerung vom Landesinneren in die Küstenbereiche die zweite Haupttendenz der heutigen Bevölkerungsverschiebungen. Für weite Teile des Landes bedeutet dies eine deutliche Entvölkerung und Überalterung. Höfe werden verlassen, Felder bleiben ungenutzt, so daß sich das Kulturlandschaftsbild in den nächsten Jahrzehnten erheblich verändern wird.

Der Konzentrationsprozeß der Bevölkerung steht in deutlichem Gegensatz zur traditionellen Siedlungsstruktur. Typisch ist die Streusiedlung, bei der sich die Häuser lose um das Dorfzentrum mit Kirche und Schule anordnen. Oft verstecken sich die Gehöfte im

zu meist nur eingeschossigen Gebäuden aufgeschichtet wurden. Das Dach bestand traditionell oft ebenfalls aus Steinplatten oder aus Stroh, bevor in jüngerer Zeit der Dachschiefer (Ardoise) verbreitet Verwendung gefunden hat. Zu den herausragenden Kennzeichen gehören die Kamingiebel, die auch diesbezüglich die Verwandtschaft zu den Britischen Inseln verdeutlichen. Heute mischt sich jedoch die traditionelle Bausubstanz mit modernen Zweckbauten — insbesondere im Küstenbereich, wo sich die Landwirtschaft stark intensiviert. Im Landesinneren ist die Erhaltung dieser herkömmlichen Bauten häufig bereits ein Problem.

Interessant ist auch die räumliche Verteilung der Städte. Sie wirft ein Schlaglicht auf die engen Beziehungen der Bretagne zum Meer, denn mit Ausnahme der Hauptstadt Rennes finden sich fast alle bedeutenden Städte entlang der Küste. Meistens verbinden sich seit

Fortsetzung Seite 41

Merlin der Zauberer

Merlin! wohin in früher Stund'?
Wohin mit deinem schwarzen Hund?

Hu! hu! hu! hu! hu! hu! hu! hu!
Ju! hu! hu! ju! ju! hu! hu! ju!

«Es ward des Mittels Kunde mir
Das rothe Ei zu finden hier,

Der Meerschlang' rothes Ei am Strand
In einer Höhl' der Felsenwand.

Ich forsch' ob nicht mein Aug' erschaut
Die Kresse grün, das goldne Kraut,

Den hohen Ast der Eiche dort,
Im Walde an der Quelle Bord.»

«Merlin, Merlin, zurück nur kehr'!
Den Ast der Eiche nicht begehr'.

Die grüne Kresse laß im Thal,
Und auch das goldne Kraut zumal,

Der Meerschlang' rothes Ei am Strand,
Im Schaum, in hohler Felsenwand.

Merlin, Merlin! zurücke kehr'!
Denn Zaubrer ist nur Gott der Herr.

Volkslied

Legenden zu den Bildern 1 bis 37

1   Heidelandschaft bei Pont-Aven: Ginster, Erika, Flechten um verwitterte Granitbrocken zeugen vom rauhen Atem des Atlantiks.

2   Stechginsterfeld auf der Halbinsel von Crozon.

3   Bemooste Granitbrocken inmitten von Efeu, Farnen, Ranken — der Wald von Huelgoat wirkt wie eine Kulisse für bretonische Sagen.

4, 5   Das geduckte, graue Steinhaus (4) ist typisch für die Bretagne — mit Ausnahme des Bigouden, wo weißgetünchte, stattliche Häuser (5) vorherrschen.

6   Ruine der Prämonstratenserabtei von Beauport bei Paimpol — Zeugnis aus dem frühen 14. Jahrhundert.

7   Geisterhafte Granitskulptur, von Efeu überwuchert.

8   Vom Wind zerzauste Kiefern an der Kanalküste.

9   Ein namenloser Findling im Landstrich Léon.

10   Gneisplatte an der Côte de granit rose. Das Rückgrat der Bretagne, das Armorikanische Massiv, wurde im Karbon aufgetürmt und über 300 Millionen Jahre zum sanften Rumpfgebirge abgetragen.

11   Dolmen mit Fabelwesen an der Küste bei Saint-Malo.

12   Frau in Pont-l'Abbé mit der traditionellen Spitzenhaube. Der Hauptort des Bigouden ist ein Zentrum der Spitzenklöppelei. Erst seit den dreißiger Jahren erreichte die lokale « coiffe » jedoch ihre extreme Länge.

13   Ein Bauer aus Rostegoff, Halbinsel von Crozon.

14   Bauer mit Arbeitspferd in Finistère.

15   Artischockenpflücker bei Saint-Pol-de-Léon. Die Blütenköpfe werden in der Dämmerung geschnitten, damit sie am Morgen frisch auf den Markt kommen.

16, 17   Geschnitzte und bemalte Deckenbalken in der Kirche von Pleyben mit mythologischen Motiven aus dem 16. Jahrhundert.

18   Spinnerin in den Monts d'Arrée.

19   Maler aus Pont-Aven in seinem Atelier.

20   Beweinung Christi im Beinhaus von Saint-Thégonnec aus dem späten 17. Jahrhundert — ein Werk des bretonischen Bildhauers Jacques Lespaignol.

21   Tür des Beinhauses von Lampaul-Guimiliau.

22   Die Kathedrale von Quimper im Morgenlicht. Die beiden Türme stammen aus dem 19. Jahrhundert.

23   Das hoch über der Vilaine gelegene Landstädtchen Vitré mit seinem wehrhaften Schloß aus der Zeit des Hundertjährigen Krieges.

24, 25   Alte und neue Tracht in Pont-Aven.

26   Christusfigur in der Kirche von Lampaul-Guimiliau.

27   Hauptschiff der dem heiligen Samson geweihten Kathedrale von Dol.

28   Kirchhof von Guimiliau (16. Jahrhundert). Die großartigen Gesamtanlagen von Kirche, Eingangsbogen, Beinhaus, Kalvarienberg sind eine Besonderheit der Bretagne.

29, 30   Details aus den Kalvarienbergen von Saint-Herbot bei Huelgoat (29) und Saint-Thégonnec.

31   Schafe auf den Salzweiden beim Mont-Saint-Michel. In der Küche werden sie zur Delikatesse!

32   Schäfer am Mont-Saint-Michel beim Korbflechten.

33   Wäscherin in der Nähe von Quimper.

34, 35   Händler auf dem Fischmarkt von Concarneau, einem der wichtigsten Fischereizentren Frankreichs.

36   Jachthafen von Dinan, der historisch bedeutenden Stadt am Rance-Ästuar.

37   Die mächtige Burg von Fougères an der Grenze zur Normandie. Die Herzogin Anne von Bretagne nannte sie « den Schlüssel zu meinem königlichen Schatz ».

Vue de la pleine de Karnac.

Magie
der
Bretagne

8

Jahrhunderten Fischfang und Handel mit diesen Konzentrationspunkten, bevor in jüngerer Zeit andere Funktionen hinzugekommen sind. Aufgrund des erst jungen Wandlungsprozesses bestehen vielerorts noch die Strukturmerkmale des Mittelalters, besonders dort, wo keine Zerstörungen durch die Kriege zu beklagen waren. Ob Dinan am Ende des Aber de Rance mit seinen schönen Fachwerkhäusern oder Vannes am Nordende des Golfs von Morbihan mit seiner alten Stadtbefestigung, ob Quimper mit seiner stolzen spätgotischen Kathedrale und der heute weitgehend sanierten Altstadt oder Morlaix mit seiner die Stadt überspannenden Eisenbahnbrücke — diese und andere Städte haben sich insgesamt ein Eigenleben erhalten können, in dem die moderne Alltagshektik noch nicht die große Rolle spielt wie anderswo. Selbst den bedeutenden Hafenstädten wie der alten Seeräuberstadt Lorient, heute wichtiger Fischerei- und Handelshafen, oder dem seit 1631 wichtigsten Marinehafen der Atlantikküste, Brest, sind noch viele liebenswerte Züge erhalten geblieben. Allein Rennes und Nantes wetteifern in ihrer Betriebsamkeit mit anderen Großstädten des Landes, während sich die im Krieg zerstörte und authentisch rekonstruierte alte Seeräuberstadt Saint-Malo oder die Ville Close von Concarneau museal hinter ihren Stadtmauern verstecken.

Viele dieser Städte entstanden während des Mittelalters in Zeiten eines blühenden Handels mit vielen europäischen und außereuropäischen Ländern, wobei die konjunkturschwachen Zeiten vielerorts mit Seeräuberei überbrückt wurden. Diese Handelsverbindungen waren über Jahrhunderte hinweg viel stärker als die Beziehungen zu Frankreich.

Nicht zuletzt die große Entfernung nach Paris (immerhin beträgt die Strecke von Paris nach Brest rund 600 Kilometer) hat den Dornröschenschlaf der Bretagne begünstigt, und erst der Ausbau eines modernen Verkehrsnetzes in den letzten zwanzig Jahren mit der Errichtung einer mehrspurigen Schnellstraße rund um die Bretagne und Anschluß an das französische Autobahnnetz hat die Reisezeiten verkürzt.

Aber diese Straße versorgt wiederum nur im wesentlichen den Küstenstreifen, während eine leistungsfähige zentrale Verkehrsachse zwischen Rennes und der Halbinsel Crozon nur langsame Fortschritte macht, von Querverbindungen ganz zu schweigen. Für die vielen kleinen Marktorte und Kleinstädte im Inneren der Bretagne bedeutet dies, daß sie an der modernen Entwicklung kaum Anteil haben und entweder stagnieren oder gar schrumpfen, weil sie auch ihre alten Funktionen als Verwaltungs- oder Marktort für das überwiegend agrarische Umland mehr und mehr verlieren. Von ihrer ehemaligen Bedeutung gibt es noch Zeugnisse: Viehmärkte in Loudéac oder Landivisiau, Schlösser und Burgen in Josselin oder Pontivy, reiche Häuserfassaden in Ploërmel oder Carhaix, um nur einige Beispiele zu nennen. Aber im Zuge der aktuellen wirtschaftlichen Wandlungen sind dies höchstens touristische Aspekte, die nur wenig zum Überleben dieser Städte beitragen.

Vielleicht wird ihre Bedeutung wieder steigen, wenn die Nachteile einer zu großen Konzentration stärker in das Bewußtsein der Bevölkerung rücken. Schon gibt es Anzeichen dafür, daß sich das Städtewachstum in der Küstenregion verlangsamt. Die Menschen ziehen es vor, auf dem Land zu leben, und die verbesserten Verkehrsbedingungen ermöglichen heute die Überbrückung größerer Entfernungen. Nur ein Beispiel: Das ehemals rein landwirtschaftlich strukturierte Dorf Plomelin zwischen Quimper und Pont l'Abbé hatte 1960 nur 700 Einwohner, heute sind es mehr als 3200. Es ist die Gemeinde mit dem stärksten Wachstum im ganzen Departement Finistère.

Landwirtschaft und Fischerei —
zwei Grundpfeiler der Wirtschaft

Obwohl sich die Erwerbsstrukturen der Bretagne in den letzten Jahrzehnten drastisch gewandelt haben, bleiben doch auch heute noch Landwirtschaft und Fischerei für viele Menschen die Existenzgrundlage. Im Jahre 1975 gehörten noch 23 Prozent der arbeitenden Bevölkerung diesen beiden Sektoren an, gegenüber 10,1 Prozent im Landesdurchschnitt. Seit etwa zwanzig Jahren verliert die Bretagne aber jährlich ungefähr 15000 Erwerbspersonen in der Landwirtschaft, und die Tendenz setzt sich fort.

Dies ist ohne Zweifel ein Gesundungsprozeß, denn noch im Jahre 1965 bewirtschafteten fast 55 Prozent aller Betriebe weniger als zehn Hektar. Durch die starke Abwanderung können von den verbleibenden Landwirten Flächen zugekauft oder zugepachtet werden, die durchschnittliche Betriebsgröße ist seither auf über fünfzehn Hektar angestiegen. Aber diese Vergrößerung der Betriebe geht einher mit einer zunehmenden Besitzzersplitterung, denn nur selten liegt eine freiwerdende Parzelle direkt im Anschluß an bereits vorhandenes Eigentum. So müssen derzeit große Anstrengungen unternommen werden, um die strukturellen Probleme der bretonischen Landwirtschaft zu lösen. Die Flurbereinigung steht dabei an erster Stelle; sie verursacht aber allzuoft neben dem unbestrittenen Nutzen auch ökologische Schäden, indem bei der rationellen Zusammenfassung von Parzellen viele Sträucher und Hecken des Bocage geopfert werden müssen.

Ebenso rasch wie der Strukturwandel verläuft der Modernisierungs- und Intensivierungsprozeß der bretonischen Landwirtschaft. Die Vorstellung einer traditionellen Wirtschaftsweise, häufig am Rande des Existenzminimums und lediglich auf die Eigenversorgung ausgerichtet, stimmt heute nicht mehr. Lediglich im Inneren der Bretagne findet man noch Relikte dieses ehemals typischen Bildes, vor allem dort, wo die jungen Menschen abgewandert sind und wo die Alten nicht mehr den Mut und die Mittel aufbringen, sich der modernen Entwicklung anzupassen.

Heute wird oft von einer Metamorphose der bretonischen Landwirtschaft gesprochen — einer Umwandlung, die sie bezüglich der Agrarerzeugung in Frankreich an die erste Stelle unter den 22 Programmregionen stellt. Mit wenigen Zahlen ist dies schlaglichtartig zu belegen: Auf 4,7 Prozent der Gesamtbevölkerung des Landes entfallen 8,4 Prozent des Bruttoeinkommens der französischen Landwirtschaft. Den größten Anteil hat dabei die Viehhaltung. Jedes dritte Mastschwein und Huhn, jedes fünfte Ei kommt aus der Bretagne. Selbst die Milchproduktion, eigentlich die Domäne der Normandie, entfällt zu fünfzehn Prozent auf die Bretagne.

Auch bei den pflanzlichen Erzeugnissen, insbesondere beim Gemüseanbau, nimmt die Bretagne einen hervorragenden Platz ein: 45 Prozent der französischen Bohnen und Erbsen, 60 Prozent der Speisekartoffeln, 80 Prozent der Blumenkohl- und Artischockenproduktion stammen von bretonischen Bauern. Berühmt sind die Erdbeeren von Plougastel. Diese Zahlen sind sehr beeindruckend; jedoch muß dabei berücksichtigt werden, daß nach wie vor viele Menschen auf diesem Sektor tätig sind, so daß die Produktivität pro Arbeitskraft noch relativ gering ist. Diesbezüglich liegt die Bretagne auf dem vorletzten Rang in Frankreich und wird nur noch von der Programmregion Limousin übertroffen. Die Probleme sind also bei weitem nicht gelöst, zumal auch der Absatz für die Produkte nicht leicht ist. Billigimporte aus Übersee — besonders bei Fleisch —, Überproduktion auf dem Milchsektor, wachsende Konkurrenz innerhalb der Europäischen Gemeinschaft, die große Entfernung von den bedeutenden Absatzmärkten sind nur einige der Schwierigkeiten, mit denen die bretonische Landwirtschaft zu kämpfen hat.

Ähnliches gilt für die Fischerei. Im Jahre 1932 waren noch über 40 000 Bretonen in diesem Wirtschaftszweig tätig, mehr als die Hälfte Frankreichs. Heute beträgt der Anteil noch knapp ein Drittel; die absolute Zahl ist auf 14 000 (Frankreich 42 000) gesunken. Dennoch ergibt die bretonische Fangtonnage heute noch über 40 Prozent der nationalen Produktion.

In erster Linie haben Orte der Süd- und Westküste ihre Position als wichtigste Fischereihäfen der Bretagne bisher verteidigen können. Allen voran Lorient, Concarneau und Douarnenez, deren größte Bedeutung im Thunfischfang liegt. Aber auch kleinere Häfen wie Loctudy oder Le Guilvinec verdienen Erwähnung, nicht zuletzt wegen der bedeutenden Menge an Schalentieren, die hier gefangen werden. Vor allem haben der Thunfischfang und die Bearbeitung in Konservenfabriken auch Rückwirkungen auf die Landwirtschaft gehabt, so für die Gemüseproduktion, die weitgehend zusammen mit dem Fisch zu Konserven verarbeitet wird.

Doch hat auch die Fischerei große Probleme. Die finanziellen Belastungen für die Fischer werden immer größer, denn Treibstoff- und Materialkosten sind in den letzten Jahren erheblich gestiegen. Die Fanggründe für die Thunfischflotte liegen heute vorwiegend vor der westafrikanischen Küste, so daß moderne Kühlschiffe eingesetzt werden müssen. Oft werden die

Mannschaften per Flugzeug ausgetauscht. All das bringt Ausgaben mit sich, die vor allem von den vielen kleineren Familienbetrieben kaum noch aufgefangen werden können. Wenn man einmal das herrliche Schauspiel der einlaufenden Fischkutter in den Hafen von Le Guilvinec oder Loctudy außer acht läßt und sich nicht die «Romantik» der Szene, sondern den Zustand der Schiffe einprägt, so fällt auf, daß die Flotte sehr veraltet ist und daß auch nur wenige junge Menschen unter den Fischern zu sehen sind.

« Der Fisch ist natürlich bretonisch » — und: *« Wenn der Fisch stirbt, ist der Mensch bedroht »* — Verkaufswerbung und Appell gegen Umweltzerstörung in bretonischen Plakaten.

Auch die Austernfischer, etwa von Cancale am Westende der Bucht des Mont-Saint-Michel, haben ihre Sorgen. Über Jahre hinweg ging die Austernproduktion ständig zurück, wobei die Verschmutzung des Meeres als Ursache erheblichen Anteil hatte. Als ständiges Damoklesschwert scheint die «Marée noire», die schwarze Flut gestrandeter Öltanker, diese Kulturen und die Strände der Bretagne heute zu bedrohen.

So stehen die beiden Grundpfeiler der bretonischen Wirtschaft, Landwirtschaft und Fischerei, heute doch auf einem sehr unsicheren Fundament.

Die Industrie — Patentrezept der Planer

Die industrielle Dezentralisierung ist seit 1960, als Frankreich in 21 (später 22) Programmregionen unterteilt wurde, eines der Schlagwörter der französischen Raumplanung. Für die Bretagne bestanden schon in den fünfziger Jahren entsprechende Pläne, denn hier war der Rückstand der wirtschaftlichen Entwicklung mit Abstand am größten unter allen französischen Regionen. Im Jahre 1954 waren lediglich zwanzig Prozent der Erwerbstätigen im industriell-gewerblichen Sektor tätig, gegenüber dreißig Prozent im nationalen Mittel.

Dabei fehlte es nicht an traditionellen Ansätzen, denn die Bretagne verfügt in ihrem alten geologischen Untergrund durchaus über Bodenschätze, die in den vergangenen Jahrhunderten Grundlage für einige Industrieansiedlungen, besonders der Eisenindustrie, geworden sind. Allerdings sind die Vorkommen sehr begrenzt, die Energieversorgung nicht gewährleistet, das Verkehrssystem nicht genügend ausgebaut, so daß bereits im 19. Jahrhundert, als sich die großen Industrie- und Kohlereviere im Norden Frankreichs entwickelten, in der Bretagne ein deutlicher Rückgang ausgelöst wurde.

Ein weiterer Nachteil der bretonischen Industrie war die zu schmale Basis im Unternehmensspektrum. Drei Bereiche, Bauwirtschaft, Metallverarbeitung und Lebensmittelindustrie, umfaßten über 75 Prozent des Industriepotentials zu Beginn der sechziger Jahre. Bereits 1956 wurde in einem «Programme d'action régionale», dem «Plan Breton», ein Entwicklungskonzept festgelegt, welches die Schaffung von jährlich 10000 bis 12000 Arbeitsplätzen im nichtlandwirtschaftlichen Sektor zum Ziel hatte. Daneben sollten natürlich auch vordringlich Strukturmaßnahmen für die Landwirtschaft selbst durchgeführt werden. In den folgenden Jahren hatten die Planer durchaus Erfolge zu verzeichnen: Die Bretagne industrialisierte sich, vorwiegend in den größeren Städten, allen voran Rennes, Brest und Lorient. Aber auch die Klein- und Mittelstädte hatten teil an diesem Ausbau. Zwischen 1954 und 1974 nahm die Zahl der Industriebeschäftigten um 74 Prozent zu, im Landesdurchschnitt lediglich um 33 Prozent. Einen bedeutenden Anteil an dieser Steigerung weist die Automobilindustrie auf, die heute schwerpunktmäßig in Rennes angesiedelt ist. Der Schiffsbau spielt vor allem in Brest und Lorient eine wichtige Rolle und hat in den letzten Jahren deutliche Impulse erhalten. Die Bereiche Elektronik und Optik wurden in Lannion, Brest und Rennes stark ausgebaut.

Es könnte sich somit der Eindruck aufdrängen, daß der wirtschaftliche Aufschwung der Bretagne mit dem Dezentralisierungsprogramm eingeleitet wurde und nun unaufhaltsam voranschreitet. Und doch ist dies nicht der Fall, denn das letzte Jahrzehnt hat deutliche Anzeichen von Stagnation und Rückläufigkeit zu erkennen gegeben. Im Rahmen des Dezentralisierungsprogramms wurden vielen Firmen Investitionsanreize geboten, die sie zur Errichtung von Zweigwerken in der Bretagne (oder in anderen peripheren Räumen) veranlaßten. Nicht selten schlossen diese Firmen wieder die Tore, nachdem die Periode der Vergünstigungen abgelaufen war. In den Jahren 1974/1975 kam es beispielsweise zu 1286 Betriebsauflösungen im industriellen Sektor, zusätzlich wurden 590 Konkurse registriert. Wenn damit sicherlich auch eine gewisse Gesundschrumpfung stattfindet — denn der größte Teil dieser Betriebe arbeitete unrationell —, so ist doch symptomatisch, daß sich die Zahl der industriellen Arbeitsplätze seit 1975 wieder jährlich um zwei- bis dreitausend vermindert, daß also einer Phase der Euphorie in den sechziger Jahren eine der Ernüchterung folgt. Dabei war zweifellos auch die Depression der Wirtschaft als Folge der Ölkrise und weltweiter konjuntureller Veränderungen als Ursache mit im Spiel. Sie hat sich in der Bretagne besonders stark ausgewirkt, da hier im Rahmen der Dezentralisierungsprogramme viele Filialbetriebe entstanden waren, die natürlich in Krisenzeiten auch leichter wieder geschlossen werden konnten.

So hat sich zwar der Anteil der Industriebeschäftigten bis heute auf knapp ein Drittel der Erwerbsbevölkerung erhöht, er liegt aber nach wie vor deutlich unter dem nationalen Wert, und von stabilen Arbeitsplätzen kann keine Rede sein.

Der Fremdenverkehr — die große Chance?

Die Eignung der Bretagne als Fremdenverkehrsgebiet hervorheben zu wollen, hieße Eulen nach Athen tragen. Welch andere französische Landschaft hat so viele, so abwechslungsreiche Strände wie die Bretagne? Ihnen fehlt zwar die Dimension mediterraner Badestrände — gerade das macht sie aber so reizvoll. Selten ist ein Strand länger als 300 oder 400 Meter, bevor er vom nächsten durch eine Klippe oder einen Aber getrennt wird. Dennoch kann sich La Baule — Escoublac rühmen, den längsten Badestrand der Atlantikküste zu besitzen.

Noch fehlen glücklicherweise die großen Appartementblocks und Hotelketten, die heute zum typischen Bild der großen Touristenzentren an vielen Küsten des Mittelmeeres gehören. Dies ist sicherlich kein Schaden; die großen Massen ergießen sich noch nicht über die bretonischen Strände. Auch hier gibt es Exklusivität: in La Baule an der Südküste, in Dinard an der Rancemündung oder in Benodet an der Mündung des Odet. Typischer ist der kleine Ort, der sich auf den Fremdenverkehr eingerichtet, dabei aber sein Gesicht gewahrt hat.

Aber nicht nur die Küsten sollten hier hervorgehoben werden. Auch das Landesinnere hat seine unbestrittenen touristischen Reize. Ferien auf dem Bauernhof lassen sich vielerorts buchen, fast überall werden Fremdenzimmer angeboten. Neben der abwechslungsreichen Landschaft sind es viele Besonderheiten, die auch die innere Bretagne touristisch erlebenswert machen: die Kalvarienberge, deren berühmteste sich in Tronoën, Plougonven, Guimiliau, Pleyben, Plougastel-Daoulas oder Guéhenno erheben; Zeugnisse keltischer Kultur und keltischen Kults, die sich nicht nur in den berühmten Megalithfeldern von Carnac, sondern über das ganze Land verstreut finden. Aber auch die Menschen, die teilweise bis heute ihre alten Trachten tragen, oder die Crêperien, in denen man das bretonische Nationalgericht zusammen mit einem selbstgebrauten Cidre serviert bekommt, gehören dazu. Die Bretonen selbst scheinen am besten zu wissen, was sie an ihrer Provinz haben: Vier von fünf Urlaubern genießen ihre Ferien in ihrer engeren Heimat; in den übrigen Regionen Frankreichs trifft das nur für jeden fünften zu. Von

Bretonisches Plakat gegen die Ölpest.

den übrigen französischen Gästen dominieren mit Abstand die Pariser, häufig Bretonen, die in Zeiten der Not ihr Land verlassen mußten. Die Ausländer, unter denen traditionell die Engländer, in den letzten Jahren aber auch die Deutschen vorherrschen, repräsentieren etwa zwanzig Prozent der Fremdenbesuche. Vielleicht ist es ganz gut, daß sich viele Touristen durch die Vorstellung vom schlechten Wetter davon abhalten lassen, die Bretagne als Urlaubsziel zu wählen. Es ist schon heute ziemlich schwierig, eine Ferienwohnung zu finden, weil die angebotene Kapazität nicht sehr hoch ist. Sie nimmt jedoch ständig zu: entweder durch Privatinitiativen oder staatliche Förderung begünstigt.

Wenn die Bretagne dennoch in den letzten Jahren im Durchschnitt zwischen 2,5 und 3 Millionen Touristen zählt, so zeigt dies, daß sie nicht mehr ganz unberührt sein kann von diesem Wirtschaftszweig. Vor allem die Tatsache, daß nur ein Zehntel dieser Touristen das Landesinnere bevorzugt, macht deutlich, daß es in den Monaten Juli und August, der Hauptsaison, ein erhebliches Gedränge an den Stränden geben kann. Besonders entlang der Côte d'Émeraude und der Bucht von Saint-Brieuc, noch relativ bequem von Paris aus zu erreichen, sind die beiden Hauptmonate immer ausgebucht, während an den Stränden des Léon oder der Cornouailleküste doch immer noch ein freier Platz zwischen einer überwiegend bretonischen Urlaubsbevölkerung zu finden ist.

Ganz problemlos ist die Entwicklung des Tourismus jedoch nicht, vor allem, wenn man den finanziellen Aspekt in den Vordergrund stellt und damit die Möglichkeit betrachtet, wie die Bretagne durch diesen Bereich profitieren kann. Ein Grundproblem sind die klimatischen Bedingungen, die nur eine Saison von maximal zwei bis drei Monaten zulassen. Das ist zu kurz, um große Investitionen für den Ausbau einer touristischen Infrastruktur zu rechtfertigen. Ein weiterer Faktor ist der hohe Anteil der «Exbretonen», die über vierzig Prozent der Touristen ausmachen; sie wohnen häufig bei Eltern, Verwandten oder Bekannten und bringen damit nur wenig Geld in die einheimische Wirtschaft. Auch die Bedeutung der Übernachtungen in Zweitwohnungen (über 35 Prozent), auf Campingplätzen (18 Prozent), in Ferienkolonien und Heimen (10 Prozent) verdeutlicht, daß der Urlaub in der Bretagne häufig aus Sparsamkeit gewählt wird. Nur etwas mehr als ein Drittel der Übernachtungen entfallen auf Hotels und Appartements. Zweifellos ist auch die Konzentration auf den Küstenbereich ein Problem, denn hierdurch profitiert das Landesinnere nur sehr wenig vom touristischen Gewerbe. Schließlich gibt es immer wieder Ereignisse, welche die Erholungsuchenden abschrecken: Das sind traditionell Schlechtwetterperioden, die dann eine «Blechlawine» auslösen, die fluchtartig die Bretagne verläßt. In den letzten Jahren war es mehrmals die «Marée noire», die Ölflut, die der Bretagne schwarze und damit leere Strände bescherte. 1973 begann es mit der «Torrey-Canon»-Katastrophe, 1977 ergossen sich aus der «Amoco Cadiz» über 200000 Tonnen Öl an die Strände des Léon. Das ist nur die Spitze des Eisberges. Vor allem die Bewohner des Departements Finistère leben in ständiger Angst vor neuen Katastrophen, die sich in den Strudeln und an den Klippen ihrer Küsten ereignen könnten.

Der Tourismus ist also insgesamt doch eher ein unsicheres Geschäft, ein weiterer Stützpfeiler der bretonischen Wirtschaft, dessen Fundament einer soliden Basis entbehrt.

Probleme der künftigen Entwicklung

Zieht man ein Fazit aus den Überlegungen zur wirtschaftlichen Entwicklung der letzten Jahrzehnte, so ist nirgends eine rückhaltlos positive Entwicklung zu verzeichnen. Die Landwirtschaft, sicherlich mit den deutlichsten Impulsen einer Modernisierung, sieht sich heute im Wettkampf mit anderen Produzenten, die teilweise im Sinne der modernen Agroindustrien oder des Agrobusiness jede Initiative des Familienunternehmens bedrohen. Die Industrie ist abhängiger denn je von Konjunkturschwankungen und von Unternehmerentscheidungen, die größtenteils nicht in der Bretagne selbst getroffen werden. Der Tourismus ist den gleichen Schwankungen unterworfen, leidet aber zusätzlich unter äußeren Einflüssen, auf die das Land selbst nicht einwirken kann. Es ist somit nicht verwunderlich, daß sich die Bretonen mehr und mehr, und immer militanter, gegen die Zentralgewalt in Frankreich stellen. Ihr Widerstand gegen Frankreich, über Jahrhunderte hinweg Kennzeichen der Beziehungen, hat sich in den letzten Jahrzehnten erheblich verschärft. Oft wird dabei etwas voreilig der Zentralgewalt zum Vorwurf gemacht, daß Versprechungen nicht eingelöst und Planungen nicht sinnvoll durchgeführt worden sind. Das ist nicht immer richtig, aber auch nicht immer falsch. Die Bretagne war zweifellos bis in die Nachkriegszeit das rückständigste Gebiet Frankreichs, aber sie stand nicht allein. Andere Regionen wie das Zentralmassiv, die Alpenregion, der große Südwesten, hatten ebenfalls Entwicklungsprobleme, und die Mängel eines jahrhundertealten wirtschaftlichen sowie politischen Zentralismus waren nicht innerhalb weniger Jahre zu beheben.

In der Bretagne scheinen diese Argumente aber ohnehin eher als Vorwand zu dienen. Man besinnt sich hier wieder stärker als im vergangenen Jahrhundert auf die eigene Identität und entwickelt neue Wertvorstellungen, woraus die Berechtigung einer separaten Provinz abgeleitet wird. Separatismus ist das Stichwort, das hier heute mehr und mehr um sich greift und das seit den dreißiger Jahren unter dem Motto «Breizh Atao» – «Bretagne auf ewig» – Furore macht. Fast nicht mehr zählbar sind die Anschläge bretonischer Separatisten auf öffentliche Einrichtungen: etwa auf die Präfektur von Quimper, auf das Atomkraftwerk von Brennilis, das mit seinen siebzig Megawatt Leistung zumindest teilweise das Energiedefizit der Niederbretagne deckt, oder auf das Schloß Versailles im Frühjahr 1978. Und obwohl die Diskussion um Atomkraftwerke heute schon zu einer internationalen Angelegenheit geworden ist, so ist doch der Streit um die Errichtung einer solchen Zentrale in Plogoff an der Pointe du Raz von empörten Bretonen ausgelöst worden, die sich hier einer Zerstörung ihres Lebensraums und eines der schönsten Flecken der Provinz entgegengestellt haben.

Durch solche Aktionen dokumentieren die Bretonen zwar immer wieder ihren Anspruch auf Eigenständigkeit und auf die Notwendigkeit einer sinnvollen, dauerhaften Strukturpolitik gegenüber der Öffentlichkeit und den Politikern. Ob es probate Mittel sind, auf die Probleme der Bretagne hinzuweisen, bleibt dahingestellt. Aber man kann sich nicht erwehren, Verständnis zu haben für dieses Volk, das eine Überfremdung von außen fürchtet, weil es sich mehr als andere Menschen seiner eigenen Identität bewußt ist und sich daher nicht gerne lenken läßt. Auch die Scheinerfolge im ökonomischen Bereich geben seinen Argumenten recht, wenn es von Halbherzigkeit der Regionalplanung und der Wirtschaftsinvestitionen spricht.

Andererseits muß man sich fragen, ob eine übertriebene Modernisierung und Industrialisierung der Bretagne überhaupt gerecht werden kann, ob sie nicht dieses Land eher zerstören als aufbauen würden. Vielleicht richten sich heute die Proteste auch schon stärker gegen diesen Aspekt, weil im Bewußtsein der eigenen Identität ja auch die Erhaltung des Landes, selbst unter Zu-

rückstellung materieller Gesichtspunkte, eine wichtige Rolle spielt. Es ist zu hoffen, daß die Bretagne an diesem Eigenverständnis nicht selbst zerbricht und in der Lage sein wird, ihre Werte so lange wie möglich gegen äußere Einflüsse zu bewahren.

Die Normandie — Landschaft mit zwei Gesichtern

Kein Fremdenführer des Mont-Saint-Michel versäumt es, während der Besichtigung der über tausendjährigen Abteikirche von der Terrasse aus auf einen kleinen Bach, den Couësnon, hinzuweisen, der geradlinig von Süden her direkt auf den Berg zuläuft. Westlich dieses Baches beginne die Bretagne, östlich davon die Normandie.

Dies nachzuvollziehen fällt nicht ganz leicht, zumindest bezüglich der Landschaften, die man von diesem herrlichen Aussichtspunkt aus erkennen kann. Beidseitig des Couësnon — eigentlich des Canal du Couësnon, denn ursprünglich verlief der Fluß stark mäandrierend in nordwestlicher Richtung durch den Marais de Dol — breitet sich die Bocagelandschaft aus, erstrecken sich die Marschen der Bucht, die berühmten Pré-salés, wo nach den Worten von Liebhabern der Nouvelle Cuisine — der Neuen Küche — angeblich die besten Hammel des Landes weiden. Die aus Stein aufgeschichteten Schutzhütten der Schäfer erheben sich wie Maulwurfshügel aus dieser flachen Landschaft.

Ein Naturschauspiel der Bucht sind die Gezeiten. Der Tidenhub beträgt bis zu vierzehn Meter; nirgends in Frankreich und nur an wenigen anderen Stellen Europas werden höhere Werte gemessen. Bei Ebbe zieht sich das Meer weit aus der Bucht zurück und entzieht sich selbst dem Blick vom erhöhten Standpunkt des Mont-Saint-Michel. Die Flut kommt dann aber mit der Geschwindigkeit eines galoppierenden Pferdes zurück, und sie fordert immer wieder Opfer unter den Wattwanderern, die sich unvorsichtig weit von der Küste entfernen. Lange Zeit wurde ein gigantisches Projekt diskutiert, die Bucht durch einen dreißig Kilometer langen Damm zwischen der Pointe du Grouin bei Cancale und dem Felsen von Granville abzuschnüren, um hier ein Gezeitenkraftwerk anzulegen. Fast ein Drittel des gesamten französischen Strombedarfs hätte von hier aus gedeckt werden können. Aber um diese Gigantomanie der Planung ist es in den letzten Jahren wieder ruhiger geworden.

Direkt berühren sich die Bretagne und die Normandie nur entlang weniger Kilometer Departementsgrenze zwischen dem bretonischen Departement Ille-et-Vilaine und dem normannischen Manche. Aber öffnet man das Buch der Erdgeschichte, so stellt man wieder einmal fest, daß sich politische nur selten mit natürlichen Grenzen identifizieren lassen. Das alte Gebirgsmassiv der Aremorika setzt sich nämlich noch weit in die histori-

45

sche Landschaft der Normandie hinein fort, und eigentlich sollte man die Landschaft Maine mit dem Zentrum Le Mans als Übergang zwischen den beiden ehemaligen Herzogtümern betrachten.

So hat die Normandie zwei grundverschiedene Gesichter: im Südwesten, einen Teil der Niedernormandie umfassend, die Hügellandschaft des bretonisch-normannischen, der direkten Fortsetzung des armorikanischen Massivs. Östlich schließt sich dann der erdgeschichtlich sehr viel jüngere Teil an, nämlich die Schichtstufenlandschaft, die geologisch bereits zum zentralfranzösischen, dem Pariser Becken, zu zählen ist. Hier wechseln sich plateauartige Verebnungen mit markanten Geländestufen ab.

Die Grenze zwischen diesen beiden grundverschiedenen Landschaftstypen durchläuft in nordwest-südöstlicher Richtung zunächst die Halbinsel Cotentin, die sich südlich der Seinemündung weit in den Ärmelkanal (La Manche) hinein erstreckt und die während des Zweiten Weltkriegs als Invasionsküste der Alliierten traurige Berühmtheit erlangte. Diese Grenze beschreibt dann einen Bogen über die Städte Falaise und Alençon, um sich von dort relativ geradlinig nach Angers im Loiretal fortzusetzen. Im armorikanischen Teil der Normandie ähnelt die Landschaft weitgehend der Bretagne. Dies ist nicht überraschend, denn die Gesteinsformationen entsprechen sich weitgehend. Verbreitet findet sich der Granit, der inselhaft in alten kambrischen und präkambrischen Gesteinen eingelagert ist.

In dieses alte Massiv haben sich die Flüsse auf ihrem Weg zum Meer tief einschneiden müssen und dabei sehr beeindruckende Landschaften hervorgebracht. Die Orne etwa, ein kleiner Fluß, der einem Departement den Namen gab, hat aufgrund ihrer Erosion durch das alte Massiv zwischen Putanges und Thury-Harcourt (westlich von Falaise) eine der schönsten normannischen Szenerien geprägt, die stolz als die «normannische Schweiz» bezeichnet wird. Auch wenn man diesen hohen Anspruch nicht so wörtlich nimmt, so ist doch ein Blick vom Roche d'Oëtre über die hügelige Bocagelandschaft der Niedernormandie ein touristischer Höhepunkt.

Nach Osten hin sinkt das alte Massiv dann unter Gesteinsschichten des Erdmittelalters, des Mesozoikums, ab. Mit Ausnahme der vier alten Gebirge — Armorika, Zentralmassiv, Ardennen und Vogesen — waren Frankreich und weite Teile Mitteleuropas zu jener Zeit, also vor sechzig bis zweihundert Millionen Jahren, vom Meer bedeckt, in dem sich mächtige Sedimentschichten ablagerten. Je nach den sich wandelnden klimatischen Bedingungen während dieser langen Zeit änderten sich auch die Verwitterungsprozesse und damit die Zusammensetzung dieser Sedimente; vorherrschend sind jedoch im wesentlichen Kalke und Sande, die sich dann im Laufe der Zeit verfestigten. Durch die ständigen Ablagerungen in den sogenannten Sedimentationströgen — neben dem Pariser wäre auch das Aquitanische Becken im Südwesten Frankreichs zu nen-

nen — wölbte sich die Erdkruste unter dem zunehmenden Gewicht gegen das Erdinnere, so daß die Schichten schräggestellt wurden und schüsselförmig ineinandergesetzt zum Vorschein kamen, als sich das Meer aufgrund von Meeresspiegelschwankungen oder Landhebungsprozessen während des Tertiärs zurückzog. Nun konnte besonders an den Rändern die Erosion ansetzen und hier Stufen herauspräparieren, die sehr markant die östliche Normandie prägen.

Je nach Abfolge dieser Schichten wechselt der Landschaftscharakter. Sind die an der Oberfläche anstehenden Kalke mächtig, so dominieren offene Agrargebiete. Ein besonders beeindruckendes Beispiel hierfür ist das Pays de Caux nördlich der Seinemündung im Dreieck zwischen Le Havre, Rouen und Dieppe. Ist der Untergrund jedoch etwas wasserstauend, überwiegt das Grünland wie etwa im Pays d'Auge um Lisieux und im Perche um Mortagne, also im östlichen Teil der Niedernormandie.

Nieder- und Obernormandie werden durch die Seine voneinander getrennt. Sie wurde schon immer als eine natürliche Grenzlinie angesehen, trotz ihres unregelmäßigen Verlaufs. In großen Mäanderschlingen hat sie sich durch die Kreidekalke hindurchgesägt, wobei die Einschnittiefe um so größer werden mußte, je näher der Fluß seiner Mündung in den Kanal kam. So ist der untere Seinelauf heute durch markante, bis zu hundert Meter hohe Steilwände gesäumt, so daß der Übergang über den Fluß lange Zeit ein großes Problem bedeutete, bevor die moderne Technik neue Möglichkeiten bot. Aber man mußte schon in Superlativen planen und die größte Hängebrücke Europas bauen, um im Jahre 1959 die Seine bei Tancarville durch ein 1400 Meter langes und 125 Meter hohes Bauwerk zu überbrücken. Damit war die erste Straßentraverse unterhalb von Rouen, das über hundert Kilometer landeinwärts liegt, geschaffen. Inzwischen ist mit dem Pont-de-Brotonne, einem mindestens ebenso beeindruckenden Bauwerk, eine zweite Verbindung südlich von Yvetot entstanden, welche die romantische Fährverbindung von Caudebec ersetzt hat.

Die Kreideplateaus der Obernormandie im Norden der Seine setzen sich oberhalb der Bresle in die Picardie und östlich der Epte in die Ile de France fort, wobei sich nur allmählich eine Veränderung, vor allem der Kulturlandschaft, abzeichnet.

Die Hochfläche findet jedoch eine sehr schroffe Begrenzung an der Kanalküste mit einem Kliff, das teilweise bis zu 130 Meter Höhe erreicht. In kleinen Buchten liegen malerische Städtchen, die ehemals überwiegend von der Fischerei existierten, heute nebenbei vom Fremdenverkehr leben. Der «Elefantenfelsen» von Etretat — so genannt, weil der Falaise d'Aval eine Naturbrücke bildet, deren vom Wasser umspülter Pfeiler wie der Rüssel eines Elefanten aussieht — wird oft als das Wahrzeichen der Obernormandie bezeichnet.

Südlich des Seine-Ästuars ändert sich als Folge der Flußaufschüttungen der Küstencharakter. Die Marschen und Ablagerungen im Mündungsbereich haben seit Jahrhunderten Probleme bereitet, besonders bei der Anlage von Häfen, die immer wieder versandeten. Heute nutzen die breit angelegten Strände der Côte Fleurie dem Massentourismus, der sich um die Luxusbäder von Deauville und Trouville seit dem 19. Jahrhundert entwickelt hat. Begünstigt wird der Fremdenverkehr hier durch die klimatischen Auswirkungen der Halbinsel Cotentin, die sich als Barriere den westlichen Winden entgegenstellt und der gesamten Seinebucht relativ günstige Temperaturen beschert.

Die Halbinsel Cotentin hat aufgrund ihrer geologischen Zweiteilung völlig unterschiedliche Küsten. Östlich tauchen die Sedimente meist leicht zum Meer hin ab — ein Grund für die Wahl dieser Küste als Landungsplatz im Juni 1944. Westlich von Cherbourg bis hinunter nach Granville ähnelt der Küstencharakter hingegen dem der Bretagne mit schroffen Konturen, kleinen Buchten und tiefen Einschnitten, bevor man bei Avranches dann die Marschen der Bucht von Mont-Saint-Michel erreicht.

Klimatischer Schutzschild der Ile de France

Eine Reputation haben die Bretagne und die Normandie gemeinsam: das vermeintlich schlechte Wetter. Wie wir schon gesehen haben, ist das nur die halbe Wahrheit. Entscheidenden Einfluß auf das normannische Klima hat jedenfalls auch hier das Meer mit den Kennzeichen: milde, relativ ausgeglichene Temperaturen, kaum Fröste, eine fast ständig zu spürende Brise, so daß extreme Hitzeperioden selten sind.

Gegenüber der Bretagne nuanciert sich das Klima der Normandie jedoch spürbar aufgrund ihrer besonderen Lage. Während sich die armorikanische Halbinsel ungeschützt in den Atlantik hinein erstreckt und damit den Westwinden extrem ausgesetzt ist, befindet sich der größte Teil der Normandie bereits im Windschatten der Britischen Inseln. Doch obwohl die atlantischen Luftmassen einen Teil ihrer feuchten Fracht über die Britischen Inseln ergießen, bleibt meistens auch für die Normandie noch ziemlich viel übrig. Die Niederschlagstätigkeit steht dabei in enger Abhängigkeit mit dem Küstenverlauf, so daß sich ein deutlicher Unterschied entlang der Küste sowie gegenüber dem Landesinneren ergibt. Besonders die Westseite der Halbinsel Cotentin, die sich in ihrem Nord-Süd-Verlauf den vorherrschenden Westwinden direkt entgegenstellt, erhält viel Regen. Begünstigt wird dies noch dadurch, daß mit dem Hügelland des Bocage Normand die feuchten Luftmassen zum Aufsteigen gezwungen sind, was ihre Speicherkapazität reduziert, da sie sich beim Aufstieg abkühlen. So verwundert es nicht, daß im Gebiet von Mortain und Vire fast 1000 Millimeter Regen pro Jahr fallen — wohl mit ein Grund dafür, daß die umliegenden atlantischen Heideflächen als «Lande Pourrie» — «faule Heide» — bezeichnet werden.

Verläßt man jedoch den Bocage Normand, so nehmen die Niederschläge in der Campagne de Caen, die im Niveau etwa 200 Meter tiefer liegt, um fast 500 Millimeter ab (es fallen also 500 Liter Wasser weniger auf einen Quadratmeter Boden als auf Cotentin). Die Halbinsel bildet somit eine Art Regenschild gegenüber dem Hinterland, dessen Funktion sich bis zur Ile de France hin noch stärker auswirkt: Dort werden nämlich insgesamt nur noch rund 500 Millimeter Niederschläge jährlich verzeichnet.

Erst nördlich der Seinemündung nehmen die Niederschläge wieder zu und bescheren dem Pays de Caux teilweise über tausend Millimeter, da auch hier die hohen Klippen der Kreideküste ein Aufsteigen der Luftmassen erzwingen.

Die Temperaturen liegen insgesamt etwas niedriger als in der Bretagne, sie nehmen vor allem mit zunehmender Entfernung von der Küste rasch kontinentalere Züge an. So kann es auch im Winter verbreitet zu Frost und Schneefall kommen. Selbst im Küstenbereich werden im Januar lediglich sechs Grad Durchschnittstemperatur gemessen, im Juli liegen die Werte bei 17 bis 18 Grad.

Die geologische und klimatische Differenzierung führt in der Normandie dazu, daß sich auch das Vegetationsbild stärker gliedert als in der Bretagne. Die Bocagelandschaft dominiert im Westen der Niedernormandie und wird auf der Halbinsel Cotentin lediglich im zentralen Teil durch ein Marsch- und Sumpfgebiet unterbrochen. Besonders in der Südnormandie haben sich größere zusammenhängende Waldgebiete und Heideflächen erhalten. Hier sind die großen Buchenbestände des Forêt des Andaines bei Bagnoles-de-l'Orne, des Forêt d'Écouves nördlich von Alençon oder des Forêt de Breteuil zu nennen.

In der Campagne de Caen tritt die Waldbedeckung völlig zurück; auch die Heckenlandschaft verschwindet, um erst wieder im Pays d'Auge landschaftsbestimmend zu werden.

Eine ökologische Besonderheit stellt das Seinetal dar. Aufgrund des tiefen Einschnitts, der starken Mäandrierung und der teilweisen Versumpfung der Talsohle sind die Temperaturen oft schwül und drückend. Häufig hilft im Sommer nur die Flucht auf die umliegenden Plateaus, wo immer der frische Seewind zu spüren ist, oder in die zahlreichen Wälder, die sowohl die Talaue selbst als auch die Randhöhen kennzeichnen. Besonders der ausgedehnte Forêt de Brotonne in der Seineschleife von Caudebec, der Forêt de Jumièges mit der berühmten Benediktinerabtei oder der Forêt de Roumare haben heute eine große Bedeutung für Erholung und Freizeit. Am wenigsten Abwechslung bietet das Pays de Caux, wo die natürliche Vegetation fast überall dem Ackerbau gewichen ist. Erst im Übergang zum Pays de Bray, wo der Anschluß zum Bocagegürtel wiederhergestellt wird, befindet sich mit dem Forêt d'Eawy ein Waldareal von 6500 Hektar Größe, das zu den schönsten der Obernormandie gezählt wird.

Die Normandie hat somit auch in klimatischer und vegetationsgeographischer Hinsicht ein vielseitiges Gesicht mit einer deutlichen Differenzierung in Anlehnung an die Oberflächenformen, den Küstenverlauf und den geologischen Untergrund. Vor allem im Bereich der mesozoischen Ablagerungen ist die natürliche Vegetation bis auf Reliktformen dem wirtschaftenden Menschen zum Opfer gefallen. So wie zwischen Bretagne und Normandie keine klare Abgrenzung festzustellen ist, so läßt sich auch zwischen der Normandie und den anschließenden Landschaften nur ein allmählicher Übergang erkennen, der aber in jedem Fall in stärker kontinental geprägte Räume führt.

Die Menschen und ihre Siedlungen

Anders als die Bretonen, die zunächst vor den Römern, dann vor den Angeln und Sachsen flohen, blieben die Normannen von der Völkerwanderung relativ unberührt. Als Mitteleuropa durch die Ausbreitung der Franken und die Gründung des Fränkischen Reichs längst gefestigt schien, stießen sie zwischen dem 8. und 11. Jahrhundert als Eroberer an die Küsten Europas und Nordamerikas vor. Mit ihren wendigen Schiffen drangen sie über die Flüsse bis tief in das Landesinnere ein und erkämpften sich Landstriche von Sizilien bis Neufundland, ohne jedoch die Mittel zu haben, ein dauerhaftes normannisches Großreich zu gründen.

Das einzige Gebiet, welches seinen Namen von diesen «Nordmannen», den Wikingern, ableiten kann, ist die Normandie — der Landstrich an der unteren Seine, mit dem zu Beginn des 10. Jahrhunderts der Normannenfürst Rollo durch den König von Frankreich belehnt wurde. Bereits 911 entstand im Vertrag von Saint-Clair-sur-Epte das französische Herzogtum Normandie; und damit begann eine sehr wechselvolle, sowohl für Frankreich als auch für England bedeutende geschichtliche Phase, die durch die Normannen geprägt wurde.

Bereits zu Beginn des 13. Jahrhunderts wurde die Normandie von Philipp II. August als Lehen beansprucht und 1259 auch förmlich an Frankreich angegliedert. Im Wechselspiel der Kräfteverhältnisse zwischen England und Frankreich während des Mittelalters, besonders während des Hundertjährigen Krieges (1337—1453) war die Normandie stets ein Dreh- und Wendepunkt des Geschehens, so daß die Identität dieses Volkes, im Gegensatz zu den Bretonen, hier schon bald weitgehend verlorenging. Zeugnis dieser ständigen Auseinandersetzungen sind die «normannischen Inseln» Jersey und Guernsey, die den Engländern bis heute erhalten blieben.

Dennoch werden den Normannen Charaktereigenschaften nachgesagt, die sie von den übrigen Franzosen unterscheiden: Sie seien starrsinnig und zeigten sich nach außen unentschlossen, ohne es eigentlich zu sein; sie seien so wechselhaft wie das normannische Wetter. «Pt'être ben qu'oui, Pt'être ben qu'non» — «Kann sein

— kann auch nicht sein», das ist die klassische diplomatische Äußerung der Normannen, die diesen Charakterzug dokumentiert.

Trotz eines gewissen Reichtums des Landes war die Normandie nie in der Lage, alle ihre Menschen zu ernähren. So ist auch sie schon früh zu einem Abwanderungsgebiet geworden, wobei hier die Nähe zur Ile de France die Wanderungsrichtung weitgehend bestimmte. Aber auch die Kolonisierung Kanadas spielte für die Normannen, und zwar noch stärker als für die Bretonen, eine wesentliche Rolle. Als im 17. Jahrhundert bei der Besetzung der Seigneurien im Sankt-Lorenz-Tal kaum Frauen unter den Einwanderern waren, wurden durch königliches Dekret die «Filles du Roi», Mädchen aus den Waisenhäusern der Normandie, nach La Nouvelle France gebracht und dort mit den Siedlern vermählt.

Und wenn die Ähnlichkeit der alten Steinhäuser in der heutigen Provinz Québec mit der bretonischen Bauweise verblüfft, so scheint bei den Fluren eine Beeinflussung von der Normandie aus möglich zu sein. Die charakteristischen Streifenfelder des Sankt-Lorenz-Tieflandes könnten ihre Vorbilder in den Straßendörfern der südnormannischen Landschaft Perche oder in den Hufendörfern des Pays de Caux gehabt haben. Der über fünf Kilometer lange Ort Aliermont nördlich von Rouen zeigt eine große Ähnlichkeit mit den Reihensiedlungen im Sankt-Lorenz-Gebiet.

Die Bevölkerungsentwicklung der Normandie ist in jüngerer Zeit nicht einheitlich verlaufen. Seit der Mitte des vorigen Jahrhunderts nimmt die Bevölkerungszahl in der Obernormandie zu: 1,18 Millionen im Jahre 1851, ein Jahrhundert später 1,27 Millionen, heute 1,60 Millionen. Besonders der Ausbau der Hafenstädte Le Havre und Rouen wirkte sich hierbei aus. In diesen Städten hat sich die Bevölkerung auf Kosten des Umlandes konzentriert. Aber die Landwirtschaft war ohnehin kaum in der Lage, alle diese Menschen zu ernähren.

Anders die Niedernormandie. Sie war zunächst der stärker bevölkerte Teil, weil der Boden hier fruchtbarer war. 1851 wurden 1,53 Millionen Menschen gezählt. Im darauffolgenden Jahrhundert ging die Zahl jedoch auf 1,16 Millionen zurück, und erst seit den letzten Jahrzehnten ist wieder ein Anstieg zu verzeichnen. Heute leben hier 1,3 Millionen Menschen, so daß die Normandie insgesamt zu einer der dichtestbesiedelten Regionen Frankreichs zählt.

Obwohl die Normandie rein äußerlich ein Agrarland zu sein scheint, so ist doch heute der Anteil der Menschen, die in den Städten wohnen, sehr hoch. Nur ein Drittel der Bevölkerung lebt auf dem Lande, während etwa Le Havre 280000, Caen 150000 und Rouen 400000 Einwohner zählen. Daneben gibt es etliche Mittelstädte, welche die wirtschaftliche Bedeutung der Normandie im Laufe der Geschichte dokumentieren. Im Gegensatz zur Bretagne lag die Normandie nie peripher, sondern stets im Überschneidungsbereich von Verkehrswegen, die sich in Paris bündelten.

Legenden zu den Bildern 22 bis 37 auf Seite 15   *Fortsetzung Seite 69*

PONT-AVEN
HOTEL DE VILLE
GONZALEZ
EXPOSITION
A. MINGUET
PONT-AVEN
DU 15 JUIN
AU 15 SEPTEMBRE 1982

25

ANTHOINE·FEST
M·H·GVILLERM:R:M:C:
ABC·RALL: CVRE
LEGAT·H·POVLIO
QVE 1676.

26

ON NE CIRCULE PAS
durant les offices

33

34

EUREKA I

Ein Bild der normannischen Städte zu zeichnen fällt schwer, denn die Verheerungen des Zweiten Weltkrieges, insbesondere im Jahr 1944, haben wenig von der alten Bausubstanz übriggelassen. Caen, einst reich an Baudenkmälern, wurde in wenigen Tagen zu achtzig Prozent zerstört. Am 7. Juni 1944 fielen innerhalb einer knappen Stunde mehr als 7000 Tonnen Bomben, die von über 2000 Flugzeugen abgeworfen wurden, auf die Stadt. Heute erblickt man in der offenen Campagne von Caen schon von weit her moderne Wohnblocks, die zwar Zeugnis ablegen von einem raschen Wiederaufbau, aber nicht von einer Stadt mit einer über tausendjährigen Geschichte.

Ein ebenso schlimmes Los traf Le Havre. Der Kampf um Paris war schon beendet, als die Alliierten im September 1944 in einem Großangriff diesen letzten Stützpunkt der Deutschen angriffen. 10 000 Häuser wurden vernichtet, weitere 10 000 schwer beschädigt, die Hafenanlagen unbrauchbar: das Ergebnis von insgesamt 146 Bombenangriffen, die von der im Jahre 1515 durch Franz I. gegründeten Hafenstadt nichts mehr übrig ließen.

Rouen hatte mehr Glück, wenngleich auch hier schwere Verluste hinzunehmen waren. Die Altstadt mit der alles überragenden gotischen Kathedrale und dem Zentrum um die Place du Vieux Marché, auf der Jeanne d'Arc im Jahre 1431 verbrannt wurde, vermittelt mit den engen Gassen, den Fachwerkhäusern und der Gros-Horloge ein beeindruckendes Bild normannischer Stadtarchitektur.

Manche Städte sind weitgehend unversehrt geblieben. Zu den interessantesten und schönsten gehört wohl Honfleur an der Seinemündung, von wo aus im 16. und 17. Jahrhundert der Seeverkehr mit Kanada erfolgte, bevor Le Havre diese Rolle übernahm. Um das alte Hafenbecken herum haben sich schmale, hohe Häuser erhalten, die mit ihren Schindelfassaden und ihrem Fachwerk gleich zwei typische Baumerkmale der Normandie verkörpern. In dieses Ensemble fügt sich Sainte-Catherine ein, eine vollständig aus Holz bestehende Kirche, die nach Beendigung des Hundertjährigen Krieges gegen die Engländer erbaut wurde.

Einen völlig anderen Charakter besitzen die Städte im armorikanischen Teil der Niedernormandie, wo als Baumaterial wie in der Bretagne Granit verwendet wird. Obwohl auch hier sehr viele Städte 1944 zerstört wurden, vermitteln doch zum Beispiel Granville an der Kanalküste — das «Monaco des Nordens» — mit seiner befestigten Oberstadt oder die im Bocage Normand liegende Kleinstadt Villedieu-les-Poëles, wo seit dem 12. Jahrhundert Kupfer verarbeitet wird, einen guten Eindruck von diesem Wandel.

So unterschiedlich wie die Landschaften und das Wetter sind auch die ländlichen Orte. Die Reihensiedlungen des Pays de Caux, die sich mit kompakten, geschlossenen Dörfern abwechseln, stehen in einem deutlichen Gegensatz zu den Streusiedlungen der Niedernormandie.

Der normannische Bauernhof des Bocagegürtels besteht aus mehreren kleinen Gebäuden. Das Fachwerk hat eine ganz charakteristische Anordnung: dicht nebeneinandergestellte Balken, deren Zwischenräume mit Lehm ausgefüllt werden. Sein Ursprung soll in der Bauart der Wikingerschiffe liegen. Selten sind die Gebäude mehr als ein Geschoß hoch, so daß sie sich hinter den Erdwällen, Hecken oder aber den unzähligen Apfelbäumen verstecken. Die Strohbedeckung hat Tradition, wenngleich heute die Kosten für die Erhaltung dieser Dächer so hoch sind, daß oft darauf verzichtet werden muß. Die Wohnhäuser sind meistens nur ein Zimmer breit, dafür lang gestreckt, wobei sich also Zimmer an Zimmer reiht. Zentrum ist die Küche mit einem langen Tisch, an dem früher das Gesinde und die Familie gemeinsam die Mahlzeiten einnahmen.

Ebenso typisch für die Normandie sind die vielen Schlösser und «Manoirs» — große Landsitze, die Zeugnis ablegen von einer Gesellschaftsstruktur, die sich seit dem hohen Mittelalter ausgebildet und große Teile der normannischen Bevölkerung über Jahrhunderte hinweg in einer starken Abhängigkeit gehalten hat. Ihr Glanz vergangener Epochen ist heute im Zeichen veränderter Wirtschafts- und Sozialverhältnisse zwar verblaßt, dennoch verleihen sie der normannischen Kulturlandschaft einen besonderen Reiz.

Leider geht im Zeichen der Technisierung und Modernisierung viel Typisches verloren. Dennoch gibt es Teile der Normandie, in denen man den Eindruck hat, daß sich trotz der bewegten Geschichte und der raschen Entwicklung der letzten Jahrzehnte die Zeit nicht verändert hat, daß das Leben hier, unberührt von allen neuen Einflüssen, im Sinne alter Traditionen weitergelaufen ist, wie sie in den Romanen Gustave Flauberts, Guy de Maupassants oder André Gides so eindrucksvoll geschildert worden sind. Insofern haben sich die Normannen doch ein Stück Eigenständigkeit erhalten können, auch wenn sie nicht mit der gleichen Empfindlichkeit wie die Bretonen reagieren, sollte man sie irrtümlich als Franzosen ansprechen.

Camembert, Cidre, Calvados —
normannische Spezialitäten

Die bretonische Spezialitätenpalette hat es oft schwer, in Mitteleuropa Zugang zu finden: Der Muscadet aus dem Pays Nantais ist zu herb, die Artischocken der breiten Bevölkerung unbekannt, die Galette bretonne zu schwer, weil zuviel Butter verarbeitet wird. Allein die Crêpes versucht man heute überall zu imitieren, und ausgerechnet die schmecken nirgendwo so gut wie in der Bretagne.

Die Normandie hat es da leichter. Seit Marie Harel aus dem kleinen Dorf Camembert bei Vimoutiers im südnormannischen Departement Orne zu Beginn des 19. Jahrhunderts den «Camembert» erfunden hat, ist dieser Käse zu einem nationalen, nicht nur normannischen, Symbol geworden. Aber schon seit dem 13. Jahrhundert werden andere berühmte Käsesorten erzeugt, so der Livarot und der Pont-l'Évêque. Und der Calvados, der Apfelschnaps, der auf dem Lande früher schon im Morgenkaffee getrunken wurde — «on coiffe le café», man setzt dem Kaffee die Haube auf, oft kommt auch noch das «recoiffer» danach —, ist heute ebenso weltbekannt. Der berühmteste «Calva» kommt aus dem Pays d'Auge in der Niedernormandie;

dernormandie das eigentliche agrarische Kernland darstellt. Hier arbeitet heute noch jeder Fünfte in der Landwirtschaft — 21,4 Prozent der Erwerbsbevölkerung —, in der Obernormandie nur 7,5 Prozent. Dennoch besteht auch dort der Eindruck eines Agrarlandes. Nur sind die Anwesen insgesamt größer, da auf den vorhandenen kargen Böden, die sich aus den Kalksteinen durch die Verwitterung ausgebildet haben, große Flächen notwendig sind, um wirtschaftlich zu arbeiten.

Le Havre nach einem Stich von 1843.

aber ausgerechnet dem Departement, in dem große Weizenfelder dominieren, hat er seinen Namen gegeben. Der Cidre ist demgegenüber schwerer absetzbar. «Il ne voyage pas», er verträgt den Transport nicht — es sei denn, man wendet bestimmte Konservierungsmethoden an, die den Geschmack doch meistens beeinträchtigen. Am besten schmeckt er frisch aus den großen Holzfässern, in denen er fast auf jedem normannischen Bauernhof gelagert wird.

Die Landwirtschaft der Normandie hat jedoch noch mehr Gesichter. Sie differenziert sich in Anlehnung an die geologischen und klimatischen Gegebenheiten und ist unterschiedlich stark durch den Industrialisierungsprozeß verdrängt worden. Ohne Zweifel ist sie jedoch insgesamt, sieht man von den größeren Städten ab, noch sehr stark landschaftsbestimmend, wobei die Nie-

Besonders im Pays de Caux, aber auch in der Campagne de Caen, herrschen heute solche Betriebe vor, die weitgehend mechanisiert und auf Getreideanbau spezialisiert sind. Weizen und Zuckerrüben spielen hier eine wichtige Rolle, während die Viehwirtschaft zurücktritt. Der ehemals bedeutende Flachsanbau, der sich seit Beginn der Neuzeit sehr stark ausgebreitet hatte und sowohl in der Normandie selbst zu einer Ausweitung der Textilindustrie als auch in Verbindung mit Flandern zur Intensivierung der Handelsbeziehungen geführt hat, ist heute rückläufig, obwohl der maritime Klimaeinfluß den «Röstungsvorgang», das Zermürben der Bastschicht um die Flachsfaser (Hanf), begünstigt. Kunststoffe haben jedoch die Nachfrage nach Naturfasern zurückgedrängt.

Die Betriebsstruktur in diesen offenen Agrarlandschaften, in denen der Bocage fehlt, so daß auch größere Parzellen entstehen konnten, und in denen Flurbereinigungsverfahren eine weitgehende Zusammenlegung der Felder ermöglicht haben, schlägt sich auch in der Untergliederung der Besitzgrößen nieder. Der Anteil der Bauerngüter über zwanzig Hektar beträgt in der Normandie mehr als ein Drittel, während die Kleinbetriebe unter zehn Hektar nur knapp vierzig Prozent ausmachen. Manche Anwesen beruhen auf Großgrundbesitz, der schon in den vergangenen Jahrhunderten entstanden ist und sich in den Manoirs, den Landsitzen und zahlreichen Schlössern dokumentiert. Kleinere und mittlere Betriebe prägen vor allem die Bocagelandschaften. Sie sind auf eine intensive Nutzung angewiesen, denn sonst wäre keine ausreichende Existenzgrundlage gewährleistet, und so erklärt es sich, daß die Viehwirtschaft hier sehr wichtig ist. Sie verlangt viele Arbeitskräfte, vor allem dann, wenn wie in der Niedernormandie die Milchverarbeitung im Vordergrund steht.

Lange Zeit galt die Faustregel, daß auf einen Normannen eine Milchkuh entfällt. Das Verhältnis hat sich heute sogar noch etwas zugunsten der Vierbeiner verschoben: 2,95 Millionen Menschen — 3,2 Millionen Kühe, wobei allerdings in den letzten Jahren viele davon durch Mastvieh, vor allem durch die im südlichen Zentralmassiv gezüchtete weiße Charolais-Rasse, ersetzt werden. Die Abwanderung vieler junger Menschen vom Lande ist auch in der Normandie nicht aufzuhalten und verlangt nach arbeitssparenderen Bewirtschaftungsformen, wie sie die Viehmast darstellt.

Dennoch stimmt der Vergleich noch ungefähr, vor allem im Pays de Bray, im Bocage Normand oder im Perche, wo allmorgendlich die Milchkannen an den Straßen abgeholt werden. Auch das ist bereits eine Modernisierung, denn die Milch wurde, besonders in den entlegeneren Gebieten, traditionell fast ausschließlich auf den Höfen weiterverarbeitet. Heute gibt es große Molkereien — die größte in Saint-Lô auf der Halbinsel Cotentin —, die diese Milch industriell verwerten.

In diesen Landschaften ist seit alters her auch die Cidreproduktion beheimatet. Schon zu einem Markenzeichen der Normandie sind die klischeehaften Abbildungen der «normannischen Kühe» (es ist tatsächlich eine spezielle Rasse) unter blühenden Apfelbäumen geworden. Auch hier gibt es eine Faustregel, daß zehn Apfelbäume auf einen Normannen kommen. Zum Verzehr sind die kleinen, harten Äpfel nicht geeignet. So machte man aus der Not eine Tugend und produzierte Apfelwein (Cidre) und Schnaps (Calvados). Diesbezüglich haben sich wohl auch die Mönche der Benediktinerabtei im alten Pilgerort Fécamp viel Mühe gegeben, als sie zu Beginn des 16. Jahrhunderts aus den kalkliebenden Kräutern der Falaises erstmals den «Bénédictine» brannten. Wenn damit noch einmal die Rede ist von den normannischen Spezialitäten, so dürfen die «Tripes de Caen» (Kutteln) und die «Andouille de Vire» (eine Wurst aus Innereien) nicht unerwähnt bleiben. Beide sind aber nicht jedermanns Geschmack.

Bei aller Bedeutung der Landwirtschaft wird das wirtschaftliche Leben der Normandie heute doch vorwiegend durch die Industrie bestimmt, die sich auf wenige Gebiete konzentriert: Caen in der Niedernormandie und das untere Seinetal. Hätte man nicht durch die 1965 gegründete «Mission d'Études de la Basse-Seine» einen 1976 in Kraft gesetzten Raumordnungsplan erstellt, so wäre die landschaftszerstörende Entwicklung, die sich mit jeder Industrialisierung verbindet, völlig unkontrolliert und sicher noch rascher erfolgt.

Die beiden Pole dieses Aufschwungs sind unumstritten Le Havre und Rouen. Le Havre verdankt dabei traditionell seine starke wirtschaftliche Stellung dem Transatlantikverkehr, der seit den amerikanischen Unabhängigkeitskriegen ein enormes Wachstum verzeichnete. Als sich Mitte des 19. Jahrhunderts der Passagierverkehr auf den Nordatlantiklinien etablierte, spielte Le Havre wiederum eine hervorragende Rolle.

Auch heute noch ist der Schiffsverkehr mit beispielsweise 872000 Reisenden im Jahre 1978 sehr bedeutend. Nur Calais, Boulogne-sur-Mer und Marseille registrierten mehr, und beim Warenumschlag wurde Le Havre im selben Jahr mit über 75 Millionen Tonnen nur von Marseille (93 Millionen) übertroffen. Fast 60 Millionen entfielen davon auf Erdöl, das seit der Gründung des neuen Terminals Antifer, der künftig Tanker mit Kapazitäten bis zu einer Million Bruttoregistertonnen aufnehmen kann, nicht mehr direkt in Le Havre gelöscht wird. Als Folge dieser Erdöleinfuhr entstanden an der Seinemündung große Raffinerien und Tanklager.

Rouen ist ebenfalls eine wichtige Hafenstadt und steht nach Marseille, Le Havre und Dünkirchen an vierter Stelle Frankreichs als Warenumschlagsplatz. Die Seeschiffe können den Hafen direkt anlaufen. Traditionell ist Rouen jedoch das Zentrum der Textilindustrie, vor allem seit sich hier im beginnenden 18. Jahrhundert die Baumwollverarbeitung etablierte. Noch heute spielt diese Branche mit 14000 Beschäftigten eine große Rolle, wenngleich Metallverarbeitung, Elektro- und chemische Industrie das Spektrum ergänzen.

Die Entwicklung hat aber nicht nur diese beiden Zentren, sondern bänderartig auch andere Städte des Seinetals erfaßt. Elbeuf ist seit langem ein Schwerpunkt der Textilindustrie; in Vaudreuil entstand eine «Ville nouvelle», eine neue Stadt, nach moderner städteplanerischer Konzeption. Auch das Spektrum der Industriezweige hat sich verbreitert, vor allem im Rahmen der Dezentralisierungsbestrebungen. Die Automobilindustrie hat dadurch einen Schwerpunkt in Le Havre gefunden, Papier- und Kartonfabrikation entstanden. Die Planer bezeichnen heute das untere Seinetal bereits als den verlängerten Arm von Paris und scheuen sich nicht, allein für dieses Siedlungsband bis zum Jahre 2000 eine Bevölkerung von zweieinhalb Millionen Menschen zu prognostizieren.

Die Industrie von Caen gründet im wesentlichen auf den Rohstoffvorkommen, besonders auf Eisenerz. Lange Zeit war Caen nach Lothringen das bedeutendste Eisengebiet Frankreichs, bevor die «nassen Hütten» an den Küsten ihm den Rang abliefen. Hochöfen, Stahl- und Walzwerke sowie Gießereien bestimmen heute das Bild dieser Industrielandschaft. Daneben spielen die chemische Industrie (Kunstdüngerherstellung), der Maschinenbau und die Werksteinindustrie eine große

Küste verbindet. Es wurde schon auf die klimatisch begünstigte Situation im Raum der Seinemündung hingewiesen. Hier entwickelte sich seit dem beginnenden 19. Jahrhundert der Fremdenverkehr; allerdings gingen die entscheidenden Initiativen hierzu von den Engländern aus, ähnlich wie dies am Golf von Biscaya oder an der Mittelmeerküste der Fall gewesen ist.

Die Geschichte des Tourismus verbindet sich eng mit den Namen von Trouville und Deauville. Im Jahre

Quillebeuf nach einem Stich von 1843.

Rolle. Aus den Kalksteinbrüchen von Caen stammt das Material, mit dem der Tower in London erbaut wurde.

Die Dynamik der industriellen Entwicklung hat in der Normandie tiefgreifende Wandlungen ausgelöst und dabei viele traditionelle Aspekte verwischt. Aber die weltweiten konjunkturellen Probleme des letzten Jahrzehnts haben auch hier die Euphorie der Politiker und Planer etwas gedämpft, und das seit Mai 1981 erfolgte politische Revirement könnte zu weiteren Akzentverschiebungen führen, die im Moment noch nicht abzusehen sind.

Der Badestrand von Paris

Gesteht man dem unteren Seinetal die Bedeutung eines wirtschaftlichen Vorpostens von Paris zu, so gilt dies in nicht geringerem Maße auch für die touristische Funktion, die sich vor allem mit der normannischen

1862 erwarb der Arzt der englischen Botschaft in Paris, Oliffe, ein 240 Hektar großes Gelände südlich der Touquesmündung, auf dem er Villen, Hotels und Restaurants errichten ließ. Dadurch wurde die schon früher einsetzende Entwicklung von Trouville verstärkt sowie der Grundstein für Deauville gelegt, und als zu Beginn des 20. Jahrhunderts durch die Anlage von Casinos, Pferderennbahn und Golfplätzen eine moderne touristische Infrastruktur hinzukam, überflügelte Deauville schon bald Trouville, dessen Ausweitung an der nahen Steilküste Grenzen gesetzt waren. Allmählich verlängerte sich der Badestrand nach Süden und verband mehrere kleine Orte miteinander: Blonville-sur-Mer, Villers-sur-Mer, Houlgate und schließlich Cabourg-Dives, das während des Second Empire völlig geometrisch angelegt wurde und dessen Straßennetz radial auf das Grandhotel und das Casino zuläuft, die damit den Mittelpunkt der Stadt bilden.

Der Luxusbadebetrieb der Côte Fleurie hat sich bis

heute erhalten, ist jedoch durch den Massentourismus überlagert worden. Waren es im 19. und beginnenden 20. Jahrhundert vor allem der Adel und das Großbürgertum, die sich in den Spielsälen, auf den Pferderennbahnen und in den Luxushotels trafen, so hat die Freizeitbewegung heute praktisch alle Bevölkerungsschichten erfaßt, was besonders in den Sommermonaten auch in der Normandie zu hoffnungsloser Überfüllung führt. Durch die Autobahnverbindung ist die Entfernung von Paris zur Küste auf anderthalb Stunden geschrumpft, wenn nicht lange Autoschlangen besonders an Wochenenden die 180 Kilometer zur Ewigkeit werden lassen. Ihr äußeres Zeichen findet die Umstellung auf den Massentourismus heute in großen Appartementblocks und Marina-Siedlungen um die Jachthafenbecken. Besonders Deauville hat diesbezüglich starke Veränderungen erfahren. Anders die kleinen Zentren entlang der Kreideküste nördlich der Seinemündung: Ihnen fehlt die räumliche Ausdehnungsmöglichkeit. Etretat, Yport, Fécamp und Saint-Valéry sind heute dennoch stärker durch den Tourismus als durch ihren ehemaligen Hauptwirtschaftszweig, die Fischerei, geprägt. Sie haben als Trümpfe ihren kleinstädtischen Reiz, die landschaftliche Schönheit im Schutz der Kreidefelsen und ihre Spezialitäten anzubieten. Das ehemals saubere Wasser an den Schotterstränden wird jedoch durch die Belastungen des Meeres im Ärmelkanal gefährdet, und der Ölhafen von Antifer unmittelbar südlich von Etretat trägt nicht eben zur Beruhigung der Erholungsuchenden bei. Dennoch kann man in diesen Küstenhöfen noch nette Ferien verbringen.

Dem großen Ansturm der Massen kann man sich auch auf der Halbinsel Cotentin einigermaßen entziehen, die an ihrer Westküste viele Ähnlichkeiten mit der Bretagne aufweist, an der Ostküste dagegen eine Verlängerung des Sandstrandes der Côte Fleurie darstellt, die hier hin und wieder durch Klippen unterbrochen wird.

Aber auch das Landesinnere birgt viele touristische Attraktionen, allen voran die Normannische Schweiz im Süden der Niedernormandie, Domfront, Bagnoles-de-l'Orne oder Lisieux mit seiner der heiligen Theresa geweihten Basilika und viele andere Orte. Und oft ist es auch nur die intakte Landschaft, die trotz der Nähe zur Metropole erhalten blieb.

Der nostalgische Unterton dieses «Ich möchte meine Normandie wiedersehen, es ist das Land, welches mir das Leben gegeben hat» im Refrain des Normandie-Liedes ist unverkennbar. Er versteht sich, wenn man sich vergegenwärtigt, wie viele Menschen mit Wehmut an ihre Heimat gedacht haben, als sie von hier aus in die Fremde gehen mußten, weil das eigene Land sie zu ernähren nicht in der Lage war. Sie hatten das Bild vor Augen, das in so vielen Meisterwerken der französischen Literatur festgehalten wurde: von Flaubert etwa in «Madame Bovary», von Guy de Maupassant in seinen Kurzgeschichten, von Barbey d'Aurevilly, einem Grandseigneur der Halbinsel Cotentin, der in seinen Romanen den normannischen Regionalismus begründet, von Lucie Delarue-Mardrus, die bis an ihr Lebensende ihrer Heimatstadt Honfleur treu geblieben ist. Aber auch in früheren Jahrhunderten kamen bedeutende Literaten aus der Normandie: Es sei nur an Malherbe, den «Reiniger» der französischen Sprache, der in Caen geboren wurde, oder an Corneille erinnert, dessen Heimatstadt Rouen ist. Im 20. Jahrhundert hat André Gide in vielen seiner Romane die normannische Atmosphäre festgehalten.

Immer wieder war die Normandie Drehscheibe politischer und militärischer Auseinandersetzungen, vor allem während den jahrhundertelangen Auseinandersetzungen mit England. Über all diesen damit verbundenen Zerstörungen hat die Normandie ihren Eigencharakter erhalten können — selbst den katastrophalen Folgen des Zweiten Weltkrieges zum Trotz, obschon sie in der Landschaft und in den Menschen tiefe Narben hinterlassen haben. Vieles ist dadurch in der Normandie unwiederbringlich zerstört worden.

Auch der wirtschaftliche Wandel der letzten Jahrzehnte birgt das Risiko des Kulturlandschaftsverlusts in sich — und zwar im wörtlichen wie im übertragenen Sinn.

Vielerorts steht die scheinbar noch heile Welt weidender Kühe im krassen Kontrast mit modernen Industrieanlagen. Ein Blick vom Pont de Tancarville auf den Marais Vernier und die gegenüberliegenden Raffinerien von Lillebonne macht diese Ambivalenz der modernen Entwicklung offenkundig.

Die Nostalgie scheint somit einem kritischen Realismus weichen zu müssen, und es ist die Frage, ob sich der Wunsch des « J'aime à revoir ma Normandie» künftig noch wird erfüllen können — daß man nämlich die Normandie so wiederfindet, wie man sie in Erinnerung behalten hat. Die Zeit ist in der Normandie schnellebiger geworden, weil die Ausstrahlungen von Paris hier in allen Bereichen sehr viel direkter wirken als in den peripheren Gebieten. Insofern ist die Bretagne in einer günstigeren Position, was die Erhaltung der traditionellen Werte angeht.

Dennoch wird man die moderne Entwicklung nicht aufhalten wollen und dürfen. Kein Land kann zu einem Museum gestempelt werden, wenn gleichzeitig die Vorstellung einer sinnvollen Weiterentwicklung vertreten wird — auch von den Menschen dieser Regionen selbst, die am Fortschritt teilhaben möchten. Nur muß man sich der Gefahren bewußt sein, die eine unbedachte Modernisierung und Industrialisierung, ein unkontrollierter Städtebau oder die übertriebene Erschließung der Küsten für den Fremdenverkehr nach sich ziehen können. Noch hat die Normandie viele Eigenschaften, die einen etwas nostalgischen Unterton rechtfertigen.

Eine Reise durch die Kunstgeschichte

Die Bretagne

Die Vorzeit

Wenn wir versuchen, die Ursprünge der Kunst zurückzuverfolgen, führen uns ihre Spuren von Rom nach Athen, über die griechischen Inseln nach Ägypten — schließlich bis nach Mesopotamien, wo um 4000 v. Chr. die Keramik mit schwarzen und roten geometrischen Mustern entsteht. Etwa um die gleiche Zeit tritt als Zeugnis der ältesten europäischen Ackerbaukultur die Bandkeramik in Südosteuropa auf. Von der Bretagne ist in diesem Zusammenhang nicht oder ganz am Rande die Rede, obwohl sie kunsthistorisch ebenso wichtig ist. In der Tat finden wir, was Quantität und Qualität angeht, nirgendwo in Europa so eindrucksvolle Felszeichnungen wie im Süden der Bretagne (Morbihan), die viel weiter zurückliegenden Höhlenmalereien von Lascaux und Altamira ausgenommen.

Beim Anblick der gewaltigen Menhir-Alleen, der kreisförmig angelegten Cromlechs, der aus Riesenquadern gefügten Dolmen überkommt uns ehrfürchtiges Staunen. Da im Laufe der Jahrhunderte viele Menhire vom Wetter oder von Menschenhand zerstört worden sind, muß es hier einst wahre Wälder von steinernen Stelen gegeben haben. Der größte noch aufrechtstehende Menhir (Kerloas in Plouarzel) ist etwa zehn Meter hoch und 150 Tonnen schwer. Man hat berechnet, daß er bei einer Steigung von hundert Metern aus einer Mindestentfernung von zweieinhalb Kilometern (über glatt gemachte Holzstämme) herbeigeschleppt wurde, und nimmt an, daß ein Loch gegraben wurde, in das der Felsbrocken über eine Rampe eingelassen und dann mit Seilen in die senkrechte Position gebracht wurde. Das muß mit außergewöhnlicher Präzision geschehen sein, denn die Menhire stecken oft nur einen halben Meter tief in der Erde. Der umgestürzte und zerbrochene Grand Menhir von Locmariaquer ragte einst zwanzig Meter hoch über den Golf, so als bezeichne er den «Mittelpunkt der Welt». Die Griechen nannten ihn die «Säule des Nordens».

Es kann mit einiger Sicherheit angenommen werden, daß die in Reihen (Alignements) aufgestellten Menhire eine religiöse Funktion erfüllten; darüber hinaus dienten sie höchstwahrscheinlich für astronomische Berechnungen: Sonnen- und Mondfinsternisse konnten «vorausgesagt» werden. Doch da wir über den Glauben und die Weltanschauung dieser vor 5000 bis 6000 Jahren in der Bretagne lebenden Menschen — es waren schätzungsweise hunderttausend — nichts wissen, müssen wir uns mit Mutmaßungen begnügen. So wurde beispielsweise ein kurioser Zusammenhang festgestellt zwischen der Konfiguration der Dolmen, Alignements und Cromlechs einerseits, dem Verlauf der tellurischen Strömungen und den unterirdischen Flüssen andererseits. Welche Feste wurden zwischen diesen wie Finger Gottes aus der Erde ragenden Steinen gefeiert? Veranstaltete man Prozessionen der Art, wie sie noch heute in vielen Gegenden der Bretagne einmal im Jahr stattfinden? Glaubte man, daß sich in ihnen die Seelen Verstorbener aufhielten bis zum Tag der Erlösung oder Wiedergeburt? In Sagen und Legenden wird berichtet, daß die Menhire weinten, redeten und unfruchtbaren Frauen, die sie umtanzten, Kinder schenkten. Eines ist sicher, mit den Druiden, den Priestern der viel später eingewanderten Kelten, haben die Menhire, wie man noch in manchen Büchern nachlesen kann, nichts zu tun. Die irischen Apostel waren die ersten, mit denen die katholische Kirche versuchte, das in seinem heidnischen Glauben verharrende Volk davon abzuhalten, den Steinen Tribut zu zollen, indem sie diese entweder zerstörte oder christianisierte. So finden wir Menhire mit eingemeißelten christlichen Symbolen und aufgesetztem Kreuz (Saint-Duzec, Côtes-du-Nord).

Die Bezeichnung Dolmen (von «doal» = Tisch, «men» = Stein) kam erst auf, als der Erdhügel über der aus Steinen gebildeten Grabstätte abgetragen war, also vor einigen hundert Jahren. Die Langgräber (dolmen à couloir) der Jungsteinzeit haben im Vergleich zu den hermetisch abgeschlossenen Gräbern andernorts (Portugal, Spanien, Ostseeraum) einen Eingang, weshalb man sie auch als Ganggräber bezeichnet. Im allgemeinen besteht die Grabkammer aus Träger- und Decksteinen; zuweilen haben sie seitliche, kapellenartige Nebenräume (dolmen à chambre). Erstaunlich ist die architektonische Vielfalt der Grabanlagen des Morbihan.

Das Königsgrab auf der unbewohnten Insel Gavrinis (= Ziegeninsel), das der DuMont-Bretagneführer mit Recht als eines der «schönsten Grabmonumente der Erde» bezeichnet, verdient unsere ganz besondere Aufmerksamkeit. Denn hier sind wir an einer noch weithin unbekannten Quelle der Kunst: Vor 6000 Jahren schrieben Menschen Zeichen von universaler Bedeutung in den Felsen ein. Nicht nur unsere Augen bewun

dern die organischen Rillen der Gravierungen, wir können sie wie Blinde mit den Fingern befühlen.

Auf der D101 fahren wir von Vannes durch die
Kleinstadt Baden, dann über die D316 nach Larmor,
das an der südöstlichen Umfassung des Golfs von Morbihan (Kleines Meer) liegt. Harziger Algenwind streicht
durch die zerzausten Nadelbäume. Den Horizont schließen mehrere überwiegend bewaldete Inseln ab. Auf die
mittlere steuert das alle ein bis zwei Stunden verkeh-

Metern. Der schichtweise Aufbau erinnert von fern an
die Zikkurats in Ur. Ein kraterartiges, wieder zuge-
schüttetes Loch in der Mitte zeugt davon, daß man
schon früher in das Innere eingedrungen ist. Vermutlich
war es ein Familiengrab. Man hat kürzlich sechs ver-
kohlte Pfosten gefunden, die vielleicht noch älter sind
als der Dolmen selbst. Ob sie zur Haltbarmachung an-
gesengt wurden oder ob ein zufälliges Feuer das besorgte, wissen wir nicht.»

La Roche-aux-Feés, Dolmen südöstlich von Rennes.

rende Motorboot zu. Ende Juni — der große Touri-
stenstrom hat noch nicht eingesetzt — sind wir wenige.
Über einen schmalen, von Stechpalmen flankierten Weg
gelangen wir zum Dolmeneingang, wo uns ein Archäolo-
giestudent begrüßt. Rechts und links, etwas tiefer, sehen wir Geröll, das von den 1979 begonnenen, noch
nicht abgeschlossenen Ausgrabungen stammt. Der Student versucht uns klarzumachen, wie mit «primitiven»
Mitteln eine gleichsam für die «Ewigkeit» bestimmte,
wohldurchdachte Architektur entstand: «Der Cairn,
das ist die Bezeichnung für den Grabhügel, ist sechs
Meter hoch und hat einen Durchmesser von fünfzig

Ich frage mich, ob die Erbauer auf dem Seeweg
durch das Mittelmeer hierher gelangten. So manches
spricht dafür. Andere meinen, daß sie auf dem Landweg
die Bretagne erreichten. Entstanden nicht die pyrami-
dalen Zikkurats etwa um die gleiche Zeit? Freilich war
Gavrinis noch keine Insel. Der Strand lag zehn Meter
tiefer einige Kilometer entfernt. Deshalb ist die Hypothese, daß die Aufschüttung erfolgte, «damit allen Seefahrern das Grab des Königs angekündigt wurde»,
zweifelhaft.

Wir sind, den Kopf einziehend, in den Dolmen eingedrungen. Mit einer großen Taschenlampe beleuchtet

unser Führer einen nach dem anderen der 29 Tragsteine: «Jeder hat ein anderes Muster, und doch herrscht stilistische Einheit.» Überraschend ist die handwerkliche Präzision, die gleichmäßige, in keiner Weise serielle Ausführung. Man hat viel eher das Gefühl, daß die ineinandergeschachtelten U- beziehungsweise Beilformen, die Fischgrätenmuster entstanden sind wie die Jahresringe eines Baumes.

«Von den etwa dreihundert vorgeschichtlichen Stätten hier im Umkreis ist Gavrinis völlig einzigartig. Nirgends gibt es steinzeitliche Kunst von solcher Dichte und Schönheit.» Mir fällt lediglich Filitosa auf Korsika ein, wo ein uns unbekanntes Volk Stelen mit eingravierten Kriegern hinterließ. Aber sie sind rund zweitausend Jahre jünger als die Gavrinis-Symbole. Auf Zypern, dieser geographisch schon zu Kleinasien zählenden Insel, sah ich auf Keramik im Museum von Nikosia Schlangenzeichen, Zickzackmuster, Ährenformen, die in engem Zusammenhang mit Gavrinis zu stehen scheinen. Ob sie je gedeutet werden können, ist zweifelhaft. Gewisse schematische, menschenartige Darstellungen scheinen auf eine Dolmengöttin zu verweisen; denn wie in den meisten Megalithzivilisationen war das Matriarchat die religiöse Ordnung. Ähnlich wie die Inder ihre Götter und Göttinnen vielarmig darstellten, brachte man hier im Stein das Thema der Fruchtbarkeit möglicherweise durch Vervielfältigung der weiblichen Brüste zum Ausdruck. Die dargestellten Beile deutet man als göttliche Beigaben; die an den einstigen Feuerstellen in dem nahen Er Lanic gefundenen Jadebeile hatten also keine kriegerische, sondern eine kultische Funktion. «Wir haben festgestellt, daß einige der Steinplatten auch auf der Rückseite Gravierungen tragen; vielleicht sind das wiederverwendete Tragsteine. Neben geschliffenen Beilen, die wie die Grabstätte selbst viertausend Jahre v. Chr. entstanden, fanden wir auch Keramik aus römischer Zeit und aus dem Mittelalter.» Wir stehen vor einem Stein mit einer Folge bogenförmiger Flachreliefs. «Vielleicht kannte man damals Pfeil und Bogen, dann wäre das ein Verteidigungsmotiv. Da, die Schlangenlinien finden wir auch auf Menhiren in Carnac. Wollte man damit unterirdische Kräfte bannen? Was wir als Magie ansehen, war für die damaligen, mit anderen Seelenkräften ausgestatteten Menschen vielleicht Wirklichkeit.»

Yann Brekilien entwickelt in seinem ausgezeichneten Buch «La Bretagne» die von ihm als «logisch» bezeichnete Hypothese, daß der versunkene Kontinent Atlantis im Umkreis der Bretagne zu suchen sei — also dort, wo die Nachkommen des Atlas wohnten. Das von Plato beschriebene atlantische Imperium habe «zahlreiche Inseln und Teile des Kontinents» umfaßt; das stimme mit der historischen Tatsache überein, daß weite Küstenstreifen der Bretagne vom Ozean überschwemmt wurden. Schließlich sei die Bretagne die Wiege der Steinzeitkultur und der Ort, von wo aus «die Toten sich ins Jenseits einschifften». Strenggenommen haben diese steinernen Kunstwerke mit bretonischer Kunst nichts zu tun. Es ist indes interessant, gewisse geometrische Formen über die Romanik bis ins 18. Jahrhundert wiederzufinden. So haben die Dreiecksmuster auf einem romanischen Steinbecken in Daoulas oder die geometrischen Reihungen von Halbkreisen in der Kathedrale von Tréguier frappante Ähnlichkeit mit Gavrinismotiven. P. R. Giot, einst Direktor der Prähistorischen Altertümer der Bretagne, schließt seine Betrachtung «Menhire et Dolmen» mit den Worten: «Diese Steine, zusammengefügt zu Begräbnisstätten oder aufgerichtet als geheimnisvolle Symbole, sind eines der bewegendsten Zeugnisse und vielleicht das wichtigste in Europa beziehungsweise der ganzen Welt, das uns Völkerschaften hinterließen, die ein vollständiges System des Glaubens und der Riten besaßen.»

Nach dem wahrhaft spektakulären Kunsterlebnis auf der Ziegeninsel statten wir dem Grand Menhir von Locmariaquer einen Besuch ab, vielmehr dem sogenannten Tisch der Kaufleute (Table des Marchands); 1937 wurde die 85 Zentimeter dicke, drei Meter über dem Erdboden auf Steine aufgelegte Platte zum Schutz der Bildzeichen wieder mit einer Geröllschicht verdeckt. Die Krummstäbe auf dem Dreiecksstein haben die verschiedensten Deutungen erfahren. Unter dem Tisch glauben manche Forscher einen stilisierten Pflug zu erkennen, der von einem Tier gezogen wird, dessen beide Hinterfüße dargestellt sind. Diese Bildphantasie, die ein Ackerbau treibendes Volk voraussetzt, scheint im Widerspruch zu stehen zu den überwiegend geometrischen Mustern, besonders denen von Gavrinis. Die kleine Strahlensonne und die schlangenförmigen Zeichen (nur auf dem Abguß im Museum von Carnac zu sehen) gehören in den Zeichenschatz, die auch von außerhalb der Bretagne gelegenen Steinen bekannt sind.

Mir schien, wir sollten die Steine von Gavrinis aufnehmen wie Werke der abstrakten Kunst — Kandinskys, Malewitschs oder Mondrians: Wir lassen auch deren Bilder auf uns wirken ohne Bezug auf die uns umgebende Realität. Wir bringen die kosmische Konstante ins Spiel, den Ebbe- und Flutrhythmus, der von den Planeten her unser Erdendasein beeinflußt. Dann sind die sechstausend Jahre, die uns von den Dolmensymbolen trennen, wie ein Wimpernzucken, und wir ahnen, daß die der Abstraktion verschworenen Künstler vielleicht nichts anderes suchten als den Anschluß an die künstlerischen Anfänge der Menschheit.

Sprung über viertausend Jahre

Der auf Kontinuität bedachte Bretagnereisende hat nach solchen beeindruckenden Erlebnissen große Mühe, den Anschluß zu finden; es klafft ein Abgrund, der die Schöpfungen der nächsten zwei- bis dreitausend Jahre geschluckt zu haben scheint. Gut, es gibt Dolmen, Tumuli, Gräber aus dem mittleren und jüngeren Neolithikum (bis etwa 2000 v. Chr.), die mehr oder weniger auf dem gleichen architektonischen Prinzip beruhen. Was dann die Bronzezeit angeht, so kann man in den Museen Kupfer-, Silber-, Goldobjekte aus der Latènezeit (ab 500 v. Chr.) sowie Münzen finden — aber eben nichts, was über die Funde hinausgeht, die man außerhalb der Bretagne auch sehen kann. Aus der Römerzeit ist kein Bauwerk von Bedeutung erhalten geblieben. Hier und da, so in der Stadtmauer von Vannes, sind römische Reste nachweisbar. In Corseul (Côtes-du-Nord) zeugt ein achteckiger Turm von einem dem römischen Kriegsgott Mars geweihten Tempel; in Rosnarho en Crach (Morbihan) zieren die Ruinen eines Aquädukts die Landschaft. Gallische Gottheiten sehen wir im Museum von Quimper, eine sehr schöne Göttin mit Helm (vom Ménez-Hom) im Museum von Rennes. Wer seine Reise in Rennes, einst die Stadt der keltischen Redonen, beginnt, tut gut daran, sich im Musée de Bretagne einen Überblick zu verschaffen von der Vor- bis zur Neuzeit. Es gibt eine Einführung zu den Menhiren, Modelle von Gräbern mit darin gefundenen Waffen, Keramik, Geräten; manche der lateinischen Inschriften auf Steinblöcken reichen in das erste vorchristliche Jahrhundert zurück.

Die Romanik

Roger Grand versucht in seinem Buch «L'Art Roman» zu ergründen, weshalb in der Bretagne die romanischen Bauwerke im Vergleich zu den übrigen Gegenden Frankreichs so dünn gesät sind. Die Römer faßten in der Bretagne nie richtig Fuß; der soliden römischen Steinarchitektur zogen die Bretonen das Bauen mit dem leichter zu bearbeitenden, einer Tradition entsprechenden Holz vor. Im frühen Mittelalter fehlte es in der Bretagne an Urbanität, im 9. und 10. Jahrhundert starben neun Herzöge eines gewaltsamen Todes. Dem einer Liebschaft wegen in die Bretagne versetzten Mönch Abélard gelang es nicht, die Grundregeln des mönchischen Lebens einzuführen. Feuer, Erdbeben, Kriege zerstörten nicht wenige der romanischen Kirchen und Kapellen.

Was blieb, ist immerhin beachtlich. Der Einfluß der unteren Loire und der Grafschaft Aquitanien erweist sich als überraschend stark. Die bretonische Eigenart kommt vielfach in der Steinbehandlung zum Ausdruck: In Pleumeleuc schichtet man das Material ährenförmig, in Melleray werden bevorzugt große, in Guégon eine Mischung von großen und kleinen Steinen verwendet. Die eingeritzten oder im Relief hervortretenden Kreuze datiert die neuere Forschung auf das Ende des 12. oder den Anfang des 13. Jahrhunderts. Mehrere Kirchen wurden von Zisterziensern gebaut, so Bégar (1130), Melleray (1143), Le Relecq (1132); in ihnen manifestiert sich der Übergang von der Romanik zur Gotik. Das ist für die Bretagne, wo die Gotik wie auch in manchen Teilen Deutschlands bis ins 16. Jahrhundert hinein herrscht, sehr früh. Der gotische Spitzbogen ist etwa der gleiche wie im burgundischen Citeaux. Eine Ausnahme macht vielleicht Relecq: Die von den Normannen zerstörte Abtei wurde von den Zisterziensern wiederaufgebaut unter Einbeziehung der romanischen Mauern und der prächtigen Kapitelle. Ein Sonderfall und gelungenes Beispiel der mittelalterlichen Baukunst ist die Kirche Notre-Dame-de-Roscudon in Pont-Croix. Ihre Leichtigkeit und Homogenität, ja ihre Gesamtkonzeption wagt man weder als spätromanisch noch als frühgotisch zu bezeichnen. Will man Vergleiche ziehen, muß man nach England gehen (Worcester oder Chichester).

Von Fougères über Saint-Malo
und Dinan nach Rennes

Die Bretagne sollte jeder auf seine Weise entdecken. Sie fasziniert, wo immer man auch hinkommt. Mir, der ich Frankreich einigermaßen kenne, war zuweilen zumute, als weilte ich nicht in dem von Pascal, Descartes, den Königen geprägten Land, sondern in einem aus Mittelalter, Meerlandschaft, Legende und verzauberter Gegenwart gespeisten Zwischenbereich. Wie ein mächtiger Paukenschlag, begleitet von Fanfarenstößen, wirkte Fougères auf uns mit seiner in einer Senke aufgebauten Burg. Die Franzosen haben für Burg und Schloß dasselbe — vom lateinischen «castrum» abgeleitete — Wort: «château». Wie aber könnte man diese schier uneinnehmbaren dicken Mauern, die den Jahrhunderten trotzenden Wehrtürme in dieselbe Kategorie einreihen wie den vom Sonnenkönig in Versailles errichteten Bau? Fougères bildete zusammen mit den Burgen und Festungen von Saint-Aubin-du-Cormier, Vitré, Châteaugiron, Blain, Le Grand Fougerey und Châteaubriand einen Riegel gegen die Angreifer aus den nordöstlich gelegenen Regionen. Im Mittelalter war Fougères weit und breit die imposanteste Befestigungsanlage, auf den Fels der Schlucht gebaut, die der Nançonfluß sich sägte. Noch heute stürzt tobend ein Wasserfall, der ein Mühlrad dreht, zwischen den zinnenbewehrten Mauern in die Tiefe. Von den dreizehn konisch überdachten Türmen ist «die Melusine» der gewaltigste (30 Meter hoch, 3,6 Meter Mauerstärke). In der mit einem Holzdach versehenen Kirche Saint-Sulpice fallen uns die auf Sockeln rundum aufgestellten Heiligen in barocker Haltung auf; eine vergoldete Muttergottes stammt aus dem 12. Jahrhundert. Ein Bummel durch die Altstadt beschert uns spitzgiebelige Fachwerkhäuser, vom Stadtpark aus genießen wir den Blick auf die unter uns gelegene Burganlage.

In Bazouges (N 796) machen wir an einem Sonntagvormittag halt. Die Fenster der Granithäuser sind mit Blumen geschmückt, die ganze Stadt ist auf dem Weg zur Kirche. Kleine Mädchen, mit weißer Blütenkrone auf dem Kopf und Blumen in der Hand, stehen vor dem Portal; wiederum fällt uns das holzgedeckte Mittelschiff auf. Combourg — ein Pflichtbesuch, weil hier

im Schloß der Schriftsteller Chateaubriand seine Jugend
verbrachte — enttäuscht uns, weniger das in einem Rie-
senpark mit weidenden Kühen gelegene, von zwei
Rundtürmen flankierte Schloß als das touristische
Drum und Dran. Mir fielen des romantischen Dichters
Zeilen ein: «In der Bretagne ist der Frühling lieblicher
als im Umkreis von Paris, und die Baumblüte setzt
drei Wochen früher ein. Die ihn ankündigenden fünf
Vögel, die Schwalbe, die Goldamsel, der Kuckuck, die

Mont Dol (prächtige Aussicht), einst druidisches, dann
römisches Heiligtum. Man fand hier Knochen von Ren-
tieren und Mammuts aus dem Paläolithikum.

Da sind wir auch schon in Saint-Malo, dieser im
6. Jahrhundert von dem gallischen Mönch Machlou
anstelle des heidnischen Aleth gegründeten Siedlung.
Machlou, müde der Streitigkeiten mit den Einwohnern,
flüchtete nach Sainte (bei La Rochelle), wo er starb.
Die von Skrupeln befallenen Bürger des künftigen

Saint-Malo nach einem Stich von 1844.

Wachtel und die Nachtigall, ziehen ein mit einer Brise,
die im Golf der armorikanischen Halbinsel ihre Heimat
hat. Die Erde schmückt sich mit Margeriten, Stiefmüt-
terchen, Narzissen, Hyazinthen, Dotterblumen...»

In Dol-de-Bretagne erfreut uns die Vielfalt der
Fachwerkgestaltung, die rot-gelb-weiße Füllung zwischen den Balken, die auf Sockeln stehenden geistlichen
und weltlichen Würdenträger, das Fachwerk mit nur
vertikalen Balken an der «Maison de la Guillotière».
In der gotischen Kathedrale mit romanischen Mauer-
stücken werden wir an Nominoë erinnert, der hier 848
zum ersten Herzog der Bretagne gekrönt wurde. Im
6. Jahrhundert hatte der aus Glamorgan gekommene
Bischof Sankt Samson hier ein Kloster gegründet. Von
den drei Türmen blieb der linke unvollendet. Die Stre-
bepfeiler haben das Lastende der Romanik noch nicht
völlig abgeschüttelt; auf dem von Moos überwachsenen
Dach blühen rote Blumen. Hochinteressant der nahe

Saint-Malo baten den Frankenkönig Childebert III., ihnen den Leichnam zu überlassen. Er kam der Bitte nach,
indem er den Kopf und die rechte Hand des Heiligen
auslieferte. Die zunächst an der Rancemündung ansässi-
gen Leute wählten nun, um sicher vor Seeräubern zu
sein, den an drei Seiten vom Ozean umspülten Fels
als Wohnort und benannten ihn nach dem englischen
Missionar. Mit ihren Segelschiffen befuhren sie die
Weltmeere und entdeckten unter anderem die Falkland-
inseln, von den Südamerikanern bis heute Malvinas
(Malouinen, nach den Einwohnern von Saint-Malo) genannt. Besessen von einem unberechenbaren Selbstbe-
wußtsein, stritten sie oft untereinander, waren sich aber
schnell einig, wenn es galt, die Stadt gegen Angreifer
zu verteidigen. Im Hundertjährigen Krieg entschieden
sie sich weder für die Engländer noch für die Franzosen; ja, 1590 rebellierten sie gegen den französischen
Gouverneur, ermordeten ihn und seine Soldaten und

erklärten sich zur unabhängigen Republik, die vier Jahre bestand. Reich geworden durch Seeräuberei, liehen sie Ludwig XIV. dreißig Millionen Pfund zur Finanzierung des Erbfolgekrieges gegen Spanien. Diese und andere Geschichten riefen wir uns ins Gedächtnis beim Spaziergang auf den Stadtmauern, von denen aus man die vorgelagerten Felsriffe überschaut, so auch die Insel Grand Bé, auf der Chateaubriand seinem Wunsch gemäß begraben wurde, ohne Inschrift auf der mächti-

sind darin untergebracht; bei Regen promeniert man trocken unter dem Laubengang, den alte Säulen, mit dem Kapitell als Basis, stützen. Im Gegensatz zu manchen deutschen Kleinstädten, deren Häuser immer wieder einen neuen Anstrich erhalten, wird hier kaum oder aber sehr vorsichtig restauriert; das rissige Holz zeigt keine Spur von Farbe. Amüsant das Haus eines Bildhauers: am Weg eine Steinfigur ohne Haupt; auf Bestellung würde der Meister den Kopf des Toten meißeln

Dinan nach einem Stich von 1844.

gen Grabplatte. Bei Ebbe kann man das Eiland zu Fuß erreichen; dann kommt es vor, daß die schnell einsetzende Flut unvorsichtige Besucher überrascht. Im August 1944 wurde die Korsarenstadt weitgehend zerstört, in den folgenden Jahren aber stilgerecht wiederaufgebaut, so auch die Kathedrale Saint-Vincent. Sie hat eine klassische Fassade, während der gotische Chor normannischen Einfluß verrät. Das Schloß (15. Jahrhundert), das Geburtshaus von Chateaubriand und einige alte Häuser blieben von den Bomben verschont. In dem unter Anne von Bretagne errichteten Turm «Quiquengrogne» (wörtlich: «Wer darüber murrt») ist ein Wachsfigurenkabinett untergebracht, das die berühmten Persönlichkeiten der Stadt präsentiert. Wir passieren das Gezeitenkraftwerk und gelangen in das malerische Dinan, ein Paradies der Fachwerkhäuser mit vorkragenden Etagen.

Sie haben keineswegs musealen Charakter: Geschäfte

und dem Körper aufsetzen. Der schiefergedeckte Glockenturm, immerhin siebzig Meter hoch, neigt sich ein wenig und scheint wackelig, aber seit einem halben Jahrtausend hält er Sturm und Wetter stand.

Die größte der Glocken stiftete Anne von Bretagne, die von 1488 bis 1514 in Dinan wohnte. Als Dreizehnjährige war sie Braut des Kaisers Maximilian von Österreich — den sie übrigens nie sah —, dann mit dem König Karl VIII. von Frankreich verheiratet, der 1498 starb. Als der neue König Ludwig XII. um ihre Hand anhält, bedingt sie sich im Heiratsvertrag als souveräne und einzige Herrscherin die Unabhängigkeit der Bretagne aus. Sie übt ihre Herrschaft bis zum Alter von 36 Jahren aus, als der Tod sie ereilt. Die von ihr eingeleitete rege Bautätigkeit setzte sich mit dem Aufkommen des neuen Stils (Renaissance) fort, der das bis dahin bevorzugte Holz durch den Stein ersetzte (Hôtel Beaumanoir, Pelikan-Stadttor). Im Kirchenbau bleiben die bretonischen Baumeister indes der Gotik bis Anfang des 17. Jahrhunderts treu. So sind die Basilika Saint-Sauveur (romanisches Portal) und die Kirche Saint-Malo geprägt vom Flamboyantstil. Saint-Malo überrascht uns durch den direkt in die gotischen Bogen überlaufenden Schwung, der sich das Mittelschiff entlang bis in den Chor hinein in wunderbarer Harmonie fortsetzt. Die Burganlage hat einen ovalen Hauptturm mit eindrucksvollen Pechnasen.

Bretagne» ist, weiß ich nicht; sicher scheint mir, daß sie bei einer Bretagnereise mit an erster Stelle stehen muß.

Südlichen Kurs Richtung Rennes nehmend, bewundern wir in Bécherel die Häuser aus dem 18. Jahrhundert und in der Kirche den alten Taufstein genauso wie das Haus des Gouverneurs. Wir machen halt in dem abseits gelegenen, Les Iffs genannten Flecken und lassen uns im Pfarrhaus den kiloschweren Schlüssel für

Rennes nach einem Stich von 1844.

Der ehemalige Wassergraben vor der Zugbrücke wurde leider zugeschüttet. Dahinter liegt der breite, von eleganten Bürgerhäusern aus dem 18. Jahrhundert umgebene Platz mit einem Monument für den berühmtesten Bürger der Stadt, Bertrand du Guesclin (1320—1380), der hier 1359 im Zweikampf den englischen Ritter Cantorbery bezwang. Die schöne Tiphaine Raguenel, die den Sieg vorausgesagt hatte, wurde bald die Frau des Siegers, der die Engländer endgültig vertrieb. Begraben liegt er bei Paris in der Kathedrale von Saint-Denis, aber sein Herz bewahrt Dinan auf. Die Verbindung zwischen Hafen und Oberstadt stellt die in die Rue Jerzual übergehende Rue du Petit Fort her mit Häusern aus dem 15. und 16. Jahrhundert, einer Doppelkette baulicher Kostbarkeiten, wie man sie in keiner anderen Straße Frankreichs wiedertrifft. Ob Dinan, wie Kenner behaupten, die «originellste Stadt der

die gotische Kirche geben. Den von Wasserspeiern umgebenen Turm umringen mit steinernen Blüten und Knospen besäte Türmchen. Im Inneren sind es die Kirchenfenster aus dem 16. Jahrhundert, die unseren Abstecher mehr als rechtfertigen. Unter holländisch-italienischem Einfluß entstanden, haben sie nicht nur außergewöhnliche Leuchtkraft — in ihrer vollendet zeichnerischen Konzeption sind sie mit den besten Beispielen der Renaissance zu vergleichen. Besonders hervorzuheben ist die Leidensgeschichte Christi im Chor und die Auferstehung in der Seitenkapelle. Ganz in der Nähe besuchen wir das romantisch gelegene Schloß Montmuran mit baufälliger Zugbrücke und rostigen Ketten.

Häuser, die sich nach hinten zu biegen scheinen, als brauchten sie mehr Licht und Luft; andere, die sich anscheinend nach vorn beugen, um die Vorübergehenden besser zu sehen; solche, bei denen der abbröckelnde

Mörtel das darunterliegende Holzstrohgeflecht zum Vorschein bringt; Fachwerk mit schiefen Balken, denen man noch die Axthiebe ansieht: Wir sind im alten Rennes, erfreuen uns in den wenigen winkligen Gassen der verschrobenen Bauweise, die in ihrer Unregelmäßigkeit in schroffem Gegensatz steht zu dem als «sehenswertestes Bauwerk» ausgegebenen Justizpalast: Er wurde in der ersten Hälfte des 17. Jahrhunderts von Salomon de Brosse in der gleichen Perfektion entwor-

delsack, der dem schottischen Bagpipe nachgebildet ist, und der Bombarde, einem blockflötenartigen Instrument. Das von den fünf oder sechs Biniouspielern angestimmte Motiv nehmen die Bombardespieler auf. Ursprünglich gab es nur den «Biniou kozh» (klein); erst zwischen den beiden Weltkriegen wurde der große Dudelsack (Biniou braz) übernommen. Im Gegensatz zu den Schotten, die den Dudelsack auch als Soloinstrument einsetzen, spielen die Bretonen nur zu mehreren.

Saint-Brieuc nach einem Stich von 1844.

fen wie in Paris das Palais du Luxembourg. Florentinische Kassettendecke, vergoldete Täfelung, Gemälde, Wandbehänge mit Sujets aus der bretonischen Geschichte — hier tagte einst das bretonische Parlament, das sowohl eine gesetzgebende als auch politische Rolle spielte. Einen Sitz darin «erkaufte» man sich für etwa dreitausend Francs. Im Museum der Schönen Künste, das im selben Gebäude untergebracht ist wie das Musée de Bretagne, sehen wir uns ein Meisterwerk von Georges de La Tour an: «Das Neugeborene», sanft eingebettet in magisches Rotlicht. Im Vorgeschmack auf Pont-Aven betrachten wir Gemälde der Künstler um Paul Gauguin.

Am Spätnachmittag erleben wir in den Straßen den vom Kulturminister organisierten Tag der Musik. Wir machen Bekanntschaft mit den beiden typischsten bretonischen Instrumenten: dem «Biniou» genannten Du-

Während nach dem Ersten Weltkrieg diese Kunst fast ausgestorben war, wird sie heute in der ganzen Bretagne, vor allem von der Jugend, geübt; bei Festen (festou noz) wird dann auch getanzt. Zum Keltischen Festival 1982 in Lorient kamen Gruppen aus Irland, Wales, Schottland, Südengland und der spanischen Provinz Galizien. Abgesehen von dem gemeinsamen Sprachgrund war es die überwiegend auf dem Dudelsack basierende Musik, die das einigende Band ausmachte.

Durch den Brocéliande-Wald zur Nordküste

Richard Wagner ist nie in die Bretagne gereist; er fand Klingsors Zaubergarten in der Bucht von Neapel und schrieb «Parsifal» in Venedig. Was «Tristan und Isolde» angeht, meinte er, so eine Liebesgeschichte hät-

Fortsetzung Seite 105

81

Die Marsch

Der leere Horizont verlängert sich, dehnt sich aus und verschmilzt schließlich seine kreidigen Flächen mit der gelben Farbe des Strandes. Der Boden wird fester, ein salziger Hauch trifft dich – eine Wüste, aus der sich das Meer zurückgezogen hat. Sandzungen, lang, eine auf die andere geschichtet, die sich unbegrenzt nach undeutlichem Muster fortsetzen, kräuseln sich wie Schatten unter großen Linien, riesigen Arabesken, welche der Wind leichthin auf ihre Oberfläche zeichnet. Die Wellen sind weit weg, so weit zurückgewichen, daß man sie nicht mehr sieht, ihr Tosen nicht hört, nur irgendein vages Raunen, unfaßbar, luftig, wie die Stimme der Einsamkeit selbst, das vielleicht bloß der Nachhall dieser Stille ist.

Gustave Flaubert

Legenden zu den Bildern 38 bis 54

*38   Fischer von der Ile de Sein, einer kleinen, der Cornouaille-
küste vorgelagerten, windumtosten Insel.*

*39   Bojen, Reusen und Netze im Hafen von Pors-Even nördlich
von Paimpol. Zwei Fünftel des französischen Fisch- und zwei Drittel des Schalentierfangs werden in der Bretagne angelandet.*

*40   Kleines Boot im Hafen von Portsall, nordwestlich von Brest.
Grünalgen überziehen das Hafenbecken.*

*41   Skulptur im Felsengarten von Rothéneuf nordöstlich von
Saint-Malo. Ihr Schöpfer ist der Dorfpfarrer Fouré, der diesem
skurrilen Steckenpferd von 1870 an über zwanzig Jahre widmete.*

42   Zerschnittener Thunfisch auf dem Deck eines Kutters.

*43   Kleine Fischerboote im Hafen von Lesconil an der Südspitze
der Halbinsel Cornouaille.*

44   Verrosteter Lastkahn auf der Aulne.

*45   Einsames Haus an der Pointe de Locquirec. Bei Ebbe blei-
ben kleine Seen in der zerklüfteten Felsküste zurück.*

*46   Das Meer vor der Ile d'Ouessant, dem westlichsten Punkt
Frankreichs, bei Sturm.*

*47   Der Leuchtturm an der Pointe de Pontusval an der Kanal-
küste.*

48   Bretonisches Stilleben an einer Straßenecke in Carhaix.

49   Fischer im Hafen von Saint-Pierre-Quiberon.

50   Am Quai von Portivy auf der Halbinsel Quiberon.

*51   Der Hafen von Camaret-sur-Mer im Nebel. Das kleine
Seebad ist Ausgangspunkt für Langustenfänger, die vor allem vor
Mauretanien fischen.*

*52   Algenbedeckter Rosagranit bei Ploumanach. Durch das
Auswaschen des Feldspats aus dem Mineraliengemenge entstehen die
bizarren Erosionsformen der « Côte de granit rose ».*

*53   Die Felsnadeln von Port-Coton auf Belle-Ile. Hier malte
der Impressionist Monet seine dramatischsten Bilder vom Meer.*

*54   Die Côte Sauvage — die wind- und meerexponierte West-
seite der Halbinsel von Quiberon.*

Bretonische Küsten und Häfen

AVENIR
AFFIPACT
ST RAPHAEL QUINQUINA
ch.loupot
38

ten die Franzosen nie erfinden können. Die Bretonen aber schwören auf den sechzig Kilometer westlich von Rennes gelegenen Forêt de Paimpont, Brocéliande, in dem noch heute König Arthur (Arzhur), der Zauberer Merlin (Marzhin), Lanzelot, die Fee Viviane und andere Sagenfiguren zu Hause sind, wie Brekilien (wörtlich Brocéliande) das in seinem Buch über die Bretagne beschreibt. Uns fesselte die schon von den Druiden verehrte «Fontaine de Barenton» nicht, aber an dem «Miroir des Fées» (Feenspiegel) genannten Teich, wo König Arthurs Schwester Morgane ihre untreuen Liebhaber gefangenhielt, ließ uns ein Licht-, Schattenspiel unter den sich im Wasser spiegelnden Bäumen ahnen, was phantasiebegabte Gemüter erregte. In der Kirche Paimpont gefielen uns die bemalten Schnitzbalken, die hölzerne Muttergottes in Blau, Rot und Gold, die von Engeln bewachte Jungfrau am Portal, und der violette Schimmer des idyllisch sich im Schloßteich spiegelnden Château de Trécesson bleibt uns in Erinnerung. In der Kirche von Ploërmel entzückten uns die den Tierkreis und Szenen aus dem Alten Testament darstellenden Holzschnitzereien. Das Nordportal prunkt mit einem auf den ersten Blick verwirrenden Reichtum an Figuren: neutestamentarische Darstellungen, Blattornamente, in denen die Gotik abklingt und sich die beginnende Renaissance ankündigt.

Josselin verdankt seinen Namen einem Abkömmling der Familie Rohan, die hier in einem von hohen Mauern umgebenen Park ihr teilweise noch bewohntes Schloß hat. An der dem Hof zugekehrten Fassade wurde die Kunst der Granitbildhauerei zu unübertroffener Perfektion getrieben: selbst noch die Dachfenster (Lukarnen) und Balustraden präsentieren sich wie übervolle Weinstöcke. Die Basilika Notre-Dame-du-Roncier prägt sich mit ihren phantastischen Wasserspeiern in Form von Krokodil, Hund und Löwe in unser Gedächtnis ein. Ihren Namen verdankt die Kirche einem Bauern, der im Jahr 800 unter einem Dornenstrauch (Roncier) eine Marienfigur fand, die er mit nach Hause nahm. Als aber die Figur auf wundersame Weise zum Fundort zurückkehrte, errichtete man an dieser Stelle eine Kapelle.

Etwa zwanzig Kilometer nördlich, in La Trinité Porhoet, zieht uns die auf das 12. Jahrhundert zurückgehende Dorfkirche mit romanischen und gotischen Elementen sowie einem barocken Altar in Bann. An einer grün-golden bemalten Säule ist der Baum Jesse dargestellt mit Gottvater in der Mitte. Eine kaum erwartete Sehenswürdigkeit treffen wir in Montcontour an, wo wir in der Kirche Saint-Mathurin sechs Kirchenfenster bewundern können, die zu den schönsten der Bretagne gehören.

In Saint-Brieuc, dem Verwaltungszentrum des Departements Côtes-du-Nord, riecht man bei Nordwind das nahe Meer. Arbeiter sind gerade dabei, Straßen und Plätze neu mit Granitkopfsteinen zu pflastern. Die Kathedrale Saint-Étienne hat mit ihren massiven Türmen das Aussehen einer Festungskirche — ein Eindruck, den im Inneren die mächtigen Säulen bestätigen. Amüsant auf der Place du Centre die Fontäne in Bronze (19. Jahrhundert) und das vierstöckige Fachwerkhaus, dessen Giebel kunstvoll von Holzschnitzereien gerahmt wird (Nummer 31).

Dreißig Kilometer westlich erreichen wir auf der N 12 Guingamp, berühmt durch seine Wallfahrtskirche Notre-Dame-de-Bon-Secours, die im 14. Jahrhundert im gotischen Stil erbaut wurde und deren Südturm zweihundert Jahre später einstürzte. Für den Wiederaufbau präsentierte ein alter Architekt einen gotischen und ein junger Mann namens Le Moal einen Entwurf im noch wenig bekannten Stil der Renaissance, der überraschenderweise akzeptiert wurde. Doch nicht das stilistisch unterschiedliche Turmpaar, sondern eine schwarze Madonna zieht die Pilger an: Am ersten Samstag im Juli findet eine «Pardon» genannte Prozession statt, die mit drei Freudenfeuern auf dem Marktplatz endet.

Von der Hafenstadt Paimpol fuhren die Fischer einst in den hohen Norden, was Pierre Loti in seinem Roman «Pêcheur d'Islande» festgehalten hat. Wir sind in Le Repaire de Kerroac'h (Ker = Haus) eingekehrt, um eines der in grauem Granit erbauten Häuser kennenzulernen. Vom Obergeschoß genießen wir einen Blick auf den mit Jachten übersäten Hafen und die bei Ebbe auftauchenden vielen kleinen Inseln. Vor dem Kamin sitzend, speist man, als wäre man in einem Privathaus zu Gast: Feinschmecker-Seefrüchtesalat mit Nußöl, in Algendampf zubereitete Hummern. Seit kurzem heißt eine Straße im Zentrum von Paimpol nach dem berühmten Chansonnier Brassens, der hier seiner Mäzenin Jeanne begegnete. Die Bucht entlang fahren wir in das Fischernest Perros Hamon und besuchen die Dorfkirche aus dem 18. Jahrhundert. Die Wände sind mit Exvotos und Inschriften bedeckt: «mit 14 Jahren im Meer umgekommen»; «22 Fischer 1877 spurlos verschwunden» — schier endlos ist die Liste der Opfer. Das Meer als Moloch. Die Bretonen haben mit dem Tod enge Bekanntschaft geknüpft. Das hölzerne Gewölbe ist blauweiß bemalt, die drei Altäre evozieren Lilienduft. Vorbei an Höfen mit Palmen- und Feigenbäumen erreichen wir den Landungssteg zur Insel Bréhat, die wegen ihrer üppigen Vegetation das «atlantische Capri» genannt wird.

Tréguier, am oberen Teil der fjordähnlichen Mündung des Jandy gelegen, ist mit seiner Geschichte beispielhaft für so manche bretonische Stadt: Im 6. Jahrhundert läßt sich hier, von Cornwall kommend, der Abt Tugdual mit seinen Mönchen nieder. In der nahen christlichen Siedlung Lexovie (heute Coz-Yaudet) wurde er zum Bischof gewählt. Als der Wikinger Hasting Lexovie zerstörte, verlegte man den Bischofssitz an den Ort, wo Tugdual gelandet war. Die Normannen setzten sich in Tréguier fest und zerstörten die Abtei, an deren Stelle im 12. Jahrhundert eine erste Kathedrale erbaut wurde. Von ihr bestehen heute noch das nördliche Querschiff und der Hasting genannte Turm, der als Nachbarn den mächtigen Mittelturm mit Balustrade hat, an den sich der dritte Turm mit durchbrochener gotischer Spitze anschließt. Das Innere ist Stein gewordene, verfugte und kunstvoll variierte Poesie. Von den vier Mittelpfeilern steigen 24 dienende Halbsäulen auf. Der in Tréguier geborene Schriftsteller Ernest Renan bezeichnet den gotischen Bau als ein «Meisterwerk der Leichtigkeit» und als einen «tollen Versuch, in Granit ein unmögliches Ideal zu verwirklichen». In einer Seitenkapelle liegt der heilige Ivo begraben, der 1253 als Yves Hélori bei Tréguier zur Welt kam, Jura studierte, in seiner Heimatstadt zum Bischof ernannt und 44 Jahre nach seinem Tod seiner vielen guten Taten wegen heiliggesprochen wurde. An dem ihm jährlich am 19. Mai gewidmeten «Pardon der Armen» nehmen vorzüglich Advokaten, Notare und Rechtsgelehrte in voller Robe teil. Dann singt man das Lied vom heiligen Ivo, der seinesgleichen in der Bretagne nicht kenne.

In unserem Bretagnemosaik, in dem notgedrungen einige Steine fehlen, leuchtet jetzt Lannion mit gemütlichen Fachwerkhäusern auf; besonders reizvoll fanden wir das des Hutmachers (Chapelier). Uns fallen all die mit Plou, Pleu, Plé, Plo, Ploe beginnenden Ortsnamen auf — damit ist die alleinseligmachende, unumschränkt herrschende Pfarrei gemeint. Wir fahren durch Morlaix (Mor = Meer), vorbei an Artischockenfeldern nach Saint-Pol-de-Léon. Paulus Aurelius, der aus Wales im 6. Jahrhundert eingewanderte, zum Bischof ernannte Mönch, gab der Stadt den Namen, die sich mit ihrem majestätischen, Kreisker genannten Kirchturm von ferne ankündigt. Seine normannischen Vorbilder übertrifft der Bau an Leichtigkeit und Eleganz. Gotische Langfenster steigen zum quadratischen Balkon auf, an dessen Ecken Wasserspeier und dreistöckige Spitztürmchen den in den Himmel hineinragenden Zentralturm umspielen. Der auf Ebenmaß und Abwechslung bedachte Aufbau hat etwas Dramatisches; es ist, als fühlten wir den Puls der bretonischen Kunst, die uns in den Kalvarienbergen am ausgeprägtesten entgegentritt.

Jetzt fahren wir in Richtung Plouescat, werfen einen Blick auf das romantische Château de Kérouzéré, das die Bauern im 16. Jahrhundert belagerten, um dem grausamen Schloßherrn Kerandraon den Garaus zu machen — mit dem Ruf: «Ar Vretoned oll tudehentil» (Alle Bretonen sind Edelmänner). In dem an einer Meeresbucht gelegenen Goulven stoßen wir auf eine der vielen Varianten — vielleicht die schönste — des Kreisker. Zu beiden Seiten der Portalvorhalle bewundern wir die in leicht naiver Renaissancemanier geschaffenen zwölf Apostel. Im benachbarten Plouider übernachten wir im Hotel «La Butte». Hier kocht Monsieur Becam, ein Urbretone, der in seiner Kindheit mit den Eltern nur keltisch sprach. Wir lassen uns Jakobsmuscheln servieren. «Die Petersilie, Karotten, Artischocken und der Sauerampfer kommen aus meinem Garten. Meeresfrüchte gibt es das ganze Jahr, im Gegensatz zu Paris, wo Austern nur in den Monaten mit einem ‹r› zu haben sind.» Wir lassen uns eine Auswahl von Krab-

ben, Langusten, Garnelen, Krebsen, Hummer schmekken und trinken dazu einen trockenen Weißwein aus der Gegend von Nantes, schauen durch die breiten Fenster aufs Meer, das sich bei Ebbe über sieben Kilometer zurückzieht. «Die Bauern aus der Umgebung verlangen bei mir nicht Fisch, sondern Fleisch, hauptsächlich Lamm. Zu meinen treuesten Kunden zählen einige deutsche Familien, die seit zwanzig Jahren immer wieder hierherkommen.»

Kalvarienberg von Saint-Thégonnec.

Die Kalvarienberge

Wir beginnen unsere Wallfahrt zu den «Calvaires» in Ploudiry und machen uns bekannt mit dem «Enclos paroissial», dieser Einfriedung von Kirche oder Kapelle, Beinhaus, Friedhof, Triumphtor und Kalvarienberg, die vermutlich in einem vorgeschichtlichen Schutzbedürfnis ihren Ursprung hat. Das Aufblühen dieser typisch bretonischen Einrichtung fällt eigenartigerweise mit dem Verlust der nationalen Selbständigkeit zusammen; die Vereinigung mit Frankreich bringt zwar Wohlstand ins Land, aber allgegenwärtig bleibt «Ankou», der Tod, der in Ploudiry am Beinhaus im Relief dargestellt ist, wie er mit einem Wurfspieß Bauern, Bürger und Geistliche bedroht.

Als ein Enclos-paroissial-Musterbeispiel gilt La Martyre, heute eine kleine Gemeinde, aber vom 14. bis zum 17. Jahrhundert ein wichtiger Messe- und Handelsplatz mit Verbindungen zu den Hansestädten und zum Orient. Der holländische Architekt Fons de Kort, seit einigen Jahren Eigentümer des in Verfall geratenen und von ihm restaurierten Pfarrhauses, gewährte uns einen Einblick in die hochinteressante Geschichte von La Martyre. Der Name geht zurück auf König Salomon

ein. Wie der Baum, mit dem die Geschichte des Portals beginnt, hat die Gemeinschaft ihre Wurzeln in der Erde; dann kommen die Könige, die Handwerker des Alltags und die Engel, welche die Verbindung zur Welt des Geistes herstellen.

Ein oft nachgeahmtes Meisterwerk sind die Kirchenfenster, in denen die Kreuzigung dargestellt wird. Darin ist vermerkt: «Jost de Negker 1535». Dieser Künstler arbeitete um diese Zeit am Hof Karls V. Die Präzi-

Kalvarienberg von Guimiliau.

den Großen, der 874 den Märtyrertod erlitt. Von der im 11. Jahrhundert erbauten Kirche existieren nur noch die Grundmauern des Turms; das Portal der Vorhalle ist in seinem skulpturalen Reichtum eines der schönsten und ältesten der Bretagne. Da gibt es keine leere Stelle. Am Tympanon ist die Geburt Christi, die Maria mit entblößter Brust im Wochenbett zeigt, dargestellt bis zur Anbetung der Heiligen Drei Könige sowie Jesus im Tempel, der selten abgebildete Kindermord in Bethlehem, wobei Herodes mit königlichem Mantel, Zepter und Krone drei Soldaten in Rüstung den Befehl erteilt. Den gotischen Bogen füllen bis in die Spitze hinein musizierende und Weihrauch versprühende Engel aus. Eine Kuriosität ist in der Weihnachtsszene der golfspielende Hirte. Jede Figur nimmt ihren bestimmten Platz

sion der sich der Gesamtkonzeption unterordnenden Einzelheiten verweist vielleicht auf den Einfluß Dürers. Faszinierend die bemalten Schnitzbalken, deren Dekor auf humoristisch anmutende naive Weise die mittelalterliche Tradition mit dem Geist der Renaissance zu vermählen versucht: Gottvater hält eine Frau und einen Mann am Zügel. Schützt er sie vor den Ungeheuern, die neben Dudelsackpfeifern zu sehen sind? Ein Engel führt den Pflug hinter einem Doppelgespann. Statuen, phantastische Kapitelle, geschnitzter Altar, elegante Säulen — wir bräuchten Stunden, um allein dieser dreischiffigen Kirche mit sechs Jochen unsere ganze Aufmerksamkeit zu schenken. Noch wartet das Beinhaus auf uns, das sich durch seine klassisch reine Architektur auszeichnet. Auf den von zwei Engeln gehaltenen

Spruchbändern neben den korinthischen Kapitellen der Eingangspforte kann man in Bretonisch lesen: «Der Tod, das Urteil, die kalte Hölle, der Mensch zittert, wenn er dran denkt. Töricht ist, dessen Geist nicht überlegt, daß er hinübergehen muß.» Im Giebelfeld thront die Bischofsgestalt von Saint-Pol l'Aurélien, der seine Halskrause dem ihm zu Füßen liegenden Drachen umgelegt hat. Eine Kuriosität ist die Kariatyde an der linken Ecke, deren Unterleib mumiengleich mit Bändern umwickelt ist. Von der einstigen Bemalung des Beinhauses in Rot, Ocker und Blau zeugen hier und da einige Flecken.

Der aus drei Arkaden bestehende Triumphbogen bildet den Mittelpunkt der Mauereinfriedung: Durch ihn betrat man den Friedhof. Ein Laufgang führt über die Mauer bis zum Wohnhaus. Über den von korinthischen Halbsäulen gestützten drei Bögen ist auf einer Plattform mit Balustrade und Laterne ein Altar und Kalvarienberg aufgebaut. Zu beiden Seiten knien die Jungfrau Maria und der Erzengel Gabriel. Der Gekreuzigte wird vom Jünger Johannes und der heiligen Magdalena emporgetragen, ein Engel fängt in einem Kelch die Blutstropfen auf. Es lohnt sich, hier länger zu verweilen, noch viele Einzelheiten aufzuspüren, die Apsiden, die Sakristei zu besuchen unter der lehrreichen Führung von Fons de Kort, der vermutet, daß Shakespeares Vater, ein Tuchhändler, die Messe von La Martyre besuchte; in «Die lustigen Weiber von Windsor» gibt es eine Anspielung auf das benachbarte Daoulas.

Über zweihundert Figuren drängen sich auf dem Kalvarienberg von Guimiliau. Im Mittelpunkt dieses versteinerten Mysterienspiels steht — anstelle der sündigen Magdalena? — Catell-Gollet, ein loses Mädchen, Zeitgenossin der Bildhauer von Landernau, die hier 1581 bis 1588 wirkten. Nie war Kunst der Volksseele näher als hier, gestenreich-expressiv, erdgebunden, mystisch, durchtränkt von unerschütterlichem Glauben. Das ist Kunst für jedermann, heute ebenso eloquent wie damals. Bei der Fußwaschung etwa sieht man Jesus gleich einem Bauern mit aufgekrempelten Hemdsärmeln. Nicht weniger ergreifend ist der bildhauerische Schmuck der Südvorhalle, gemeißelt aus Granit der Kersantongegend. Hier treffen wir auf den Heiligen, der dem Ort seinen Namen gab, Miliau. Im Inneren der zweischiffigen Kirche bewundern wir das geschnitzte Taufbecken aus Eichenholz, die Flachreliefs an der Orgelbalustrade und die Kanzel.

Nähert man sich in Sizun dem Triumphbogen, glaubt man sich nach Südfrankreich oder Italien versetzt. Mit seinen drei Durchgängen und der Balustrade erinnert er an römische Bauten. Freilich hat man, indem man der Plattform einen Altar und kleinen Kalvarienberg aufpflanzte, das Motiv bretonisch christianisiert. Am Beinhaus beeindrucken uns über den Rundbogenfenstern die zwölf Apostel in Renaissancenischen, die gemeinhin unter der Kirchenvorhalle postiert sind.

Nach einem kurzen Halt in Brasparts (Kirche mit Renaissancevorhalle, Beinhaus, hölzerne Pietà) stehen wir vor dem imposanten Kalvarienberg von Pleyben. Im Vergleich zu Guimiliau sind die Figurengruppen übersichtlicher. Ungewöhnlich ist die Darstellung, wie Christus ins Fegefeuer (Vorhölle) hinabsteigt, um Adam und Eva aus dem Flammenmeer herauszuholen. An der Saint-Germain l'Auxerrois geweihten Kirche interessieren wir uns für den Renaissancekirchturm, der mit seinen Ziertürmchen an das Schloß Chambord im Loiretal erinnert. Im Kircheninneren fallen die bemalten Altäre mit üppigem Figuren- und Pflanzenschmuck auf.

Quimper, Concarneau, Vannes

Quimper nennen die Bretonen Kemper. In einem lieblichen Tal am Zusammenfluß von Steir und Odet gelegen, beherbergt die Provinzstadt in ihrem Museum bemerkenswerte Bilder der Schule von Pont-Aven, darunter Zeichnungen und Manuskripte des jüdischen Malerpoeten Max Jacob, der 1944 im Durchgangslager Drancy umkam. Die beiden gotischen Türme der Kathedrale wurden ähnlich wie die des Kölner Doms erst im 19. Jahrhundert vollendet.

Auf das Meer zusteuernd, sehen wir von weitem schon den Phare d'Eckmühl, einen der höchsten Leuchttürme Frankreichs, der nach einem General Napoleons benannt wurde. Die wenigen Menschen, der starke Wind, die weiten Horizonte lassen ein elementares Gefühl der Einsamkeit in uns aufkommen. Man versteht, daß die nahe kleine Kirche eine Zuflucht sein kann. Wir fahren bis zum Musée préhistorique finistérien (Straße nach Saint-Guénolé), um im Garten des Museums Menhire und Lechs, im Inneren Werkzeug, Waffen, Schmuck und Keramik zu besichtigen.

Wir quartieren uns im verschlafenen Sardinenfischerhafen Saint-Guénolé an der äußersten Spitze der Landzunge im Hotelrestaurant «de la Mer» ein, das direkt hinter den von Gischt bespritzten Felsen liegt. Hier fühlen wir uns am Ende der Welt, und in Ruhe genießen wir die Meeresfrüchte, während unsere über die graugrünen Fluten streifenden Augen den beruhigenden Wellenrhythmus aufnehmen. Am nächsten Tag sehen wir vor der Kirche die Muttergottesstatue, ausgewaschen von salzigen Westwinden und vermoost.

Zu einem Erlebnis besonderer Art wird der Besuch von Notre-Dame-de-Tronoën (von «Traon-Houarn», Tal des Eisens). Dünenlandschaft, man hört das dumpfe Rollen des als weißer Streifen sichtbaren Meeres. Neben der gotischen Kapelle, aufgebaut auf dem Fundament eines der Venus geweihten Tempels, grüßt uns der älteste bretonische Kalvarienberg (15. Jahrhundert), der sich ausnimmt, als sei er vom Himmel gefallen: denn weit und breit gibt es nichts Ähnliches. Auf einem meterhohen Sockel findet man in zwei Etagen Figuren vor der dahinterliegenden Mauer, also nicht freistehend wie in Guimiliau. Gekrönt wird das Monument von dem auf einer Säule aufgestellten Christus am Kreuz

mit den ebenfalls auf Säulen postierten Schächern zu
beiden Seiten. Die stark verwitterten Figuren wirken
besonders ergreifend, weil die Phantasie die zum Teil
von Wind und Wetter ausgelöschten Züge ergänzen
muß. Bei der Taufe leert Johannes einen großen Krug
Wasser über Jesu Kopf. Nur in Tronoën erscheint der
Heiland, und zwar als Gärtner verkleidet, nach seiner
Auferstehung der Magdalena. Bei der Geburt liegt
Maria mit nackter Brust da, Josef schläft neben Kuh

wir die Ausstellung des Schweizer Malers Cuno Amiet,
der sich 1892/1893 in Pont-Aven mit der dort praktizierten neuen Malweise vertraut machte. Die in dieser
Zeit entstandenen vierzig Bilder stellte er 1905 in Dres-
den im Kunstsalon Richter aus. Heckel, Schmidt-Rott-
luff und einige andere inspirierte diese auf Ausdruck
bedachte, farbenfreudige Malerei. Sie taten sich zusammen und nannten ihre Gruppe «Die Brücke». Dieser
erst vor wenigen Jahren bekannt gewordene Zusam-

Quimperlé nach einem Stich von 1844.

und Esel. Das Gewölbe der Kapelle ist hier aus Stein
— eine Seltenheit in der Bretagne.

In Fouesnant erwartet uns die romanische Kirche
mit ihren rosafarbenen Granitsäulen, in deren Kapitellen — Tiere, Masken, menschliche Figuren — sich die
mittelalterliche Phantasie ausgelebt hat. An mehreren
Karyatiden fallen uns die geometrischen Muster, Spirale
und Kreis, auf.

Als eine Art von Touristengetto empfanden wir die
Ville Close von Concarneau, die mit ihren Türmen,
Bastionen und dicken Mauern immerhin beeindruckt.
Wer nach Pont-Aven fährt in der Hoffnung, Bilder von
Gauguin zu finden, wird enttäuscht. An der Maison
de la Presse findet er die Inschrift, daß hier, in der
Pension Marie-Jeanne Gloannec, 1888 die École de
Pont-Aven von Paul Gauguin und Emile Bernard ge-
gründet wurde. In einem Raum des Rathauses sehen

menhang könnte Anlaß zu der Hypothese sein, daß
die Dresdner Künstler eine Brücke zur Südbretagne
schlagen wollten. Mit anderen Worten: Der deutsche
Expressionismus geht unter anderem auch über Cuno
Amiet auf Pont-Aven zurück.

Damals gab es in Pont-Aven, heißt es in einem Lied,
vierzehn Mühlen und fünfzehn Häuser. Der bretonische
Maler Armand Jobbe-Duval begann schon 1860 mit
Motiven vom Aven, diesem idyllischen Fluß, an dem
Schubert sein Forellenquintett hätte komponieren können. Ihm gesellten sich, noch ehe Gauguin eintraf, Maler aus Amerika, Skandinavien und England zu.

In Quimperlé schlägt uns die Église Sainte-Croix in
Bann, die zur Zeit der Kreuzfahrer nach dem Muster
der Grabkirche in Jerusalem entstand. Die Mitte des
19. Jahrhunderts eingestürzte Rotunde wurde bald
wiederaufgebaut; die Apsis einschließlich der Fenster

und Säulen sowie die darunterliegende Krypta waren zum Glück erhalten geblieben, so daß die Kirche des Heiligen Kreuzes ein Wunderwerk romanischer Baukunst repräsentiert.

An den sagenumwobenen Teufelsfelsen (Rochers du Diable) vorbei gelangen wir nach Le Faouët, an der Grenze zwischen den Departements Cornouaille und Morbihan gelegen. Von hier aus erreichen wir auf engen Straßen in hügeligem Waldgebiet nach zweieinhalb

chen flankieren. Skurril ist der farbige Holzlettner: die Figur eines Betrunkenen, der einen Fuchs ausspeit, erinnert uns an Hieronymus Bosch.

Notre-Dame-de-Kernascléden lassen wir uns nicht entgehen — dieses spätgotische Meisterwerk, dessen Fresken die teuflischen Torturen der Hölle mit Schrecken einflößender Raffinesse schildern.

Mit Vannes (Gwened) erreichen wir wieder den vorgeschichtlichen Ort, mit dem unser Bericht beginnt.

Vannes nach einem Stich von 1844.

Kilometern Fahrt die Chapelle Sainte-Barbe, die, wir fragen uns wie, in einer Schlucht gleich einem Schwalbennest einer Felswand angefügt wurde. Auf einer erst im 17. Jahrhundert angelegten, großartigen Freitreppe steigen wir hinab. Einst wurde hier Jehan de Toulboudon auf der Jagd von einem schrecklichen Gewitter überrascht: Bäume stürzten, Felsbrocken rollten, und in seiner Not bat der Nimrod die heilige Barbara um Hilfe. Er wurde gerettet und ließ ihr zu Ehren die spätgotische Kapelle errichten. Um den Altar nach Osten ausrichten zu können, mußte die Breite die Länge übersteigen. Im Inneren beeindrucken Steingewölbe im Flamboyantstil, Glasfenster aus dem 16. Jahrhundert und der geschnitzte Holzlettner.

Die Chapelle Saint-Fiacre, inmitten von Bauernhöfen gelegen, überrascht uns mit ihrem filigranartigen gotischen Glockenturm, den zwei oktogonale Seitentürm-

Der Dolmen kommt uns wie ein Findling vor, so fremd wie ein Meteorit, und ist uns doch mit seinen abstrakt erscheinenden Zeichnungen vertraut, als begänne die «moderne» Kunst in Gavrinis.

Im Musée archéologique, untergebracht in dem aus dem 15. Jahrhundert stammenden Château Gaillard, das eine Zeitlang Sitz des bretonischen Parlaments war, erfahren wir, daß die Steinzeitgräber durch die Jahrtausende hindurch immer wieder benutzt wurden. So entdeckte man geometrisch gemusterte Keramik, polierte Beile — die wahrscheinlich Geldwert hatten —, Türkisschmuck aus Carnac und Locmariaquer und viele andere Objekte aus dem Ende der Steinzeit, einer im Morbihan besonders ertragreichen Epoche. Die Funde aus römischer Zeit sind im Vergleich dazu spärlich. In Locmariaquer befindet sich unter dem Friedhof eine noch nicht ausgegrabene römische Arena.

Seinen Namen hat Vannes von den Venetern, einem am Wasser angesiedelten Keltenstamm. Der Golf, der so viele Inseln wie das Jahr Tage hat, bestimmt das Leben des Städtchens, das denn auch ein Austernmuseum (Musée de l'huitre) sein eigen nennt. Wir sind mit Vergnügen durch die den Fußgängern reservierten Straßen der Innenstadt gebummelt, deren vorspringende Giebelhäuser sich oben fast berühren.

Am Golf von Morbihan, Questembert, Nantes

Es gibt Menschen, die nur ungern oder überhaupt nicht ins Museum gehen — vielleicht, weil ihnen das dort Gebotene tot erscheint. Wie, wenn man nun mit den Kunstwerken lebte? Wir machen die Probe aufs Exempel, fahren auf der linken Seite des Golfs über Muzillac und Billiers zum Pointe de Pen-Lan genannten Felsvorsprung. Durch die «Pforte der Wahrheit» (13. Jahrhundert), auf deren Stützmauern Fabeltiere Wache halten, betreten wir die Domäne des Schlosses Rochevilaine. Häuser mit spitzem Dach aus der Spätgotik und Frührenaissance säumen den rechteckigen Hof, in dem ein alter Brunnen, vermooste Grabsteine, eine Kanone aus der Zeit Ludwigs XIV. und andere alte Objekte unsere Neugier wecken. In den Häusern entdecken wir Schnitzbalken, kostbare Möbel, prächtige Kamine, vierhundert bis fünfhundert Jahre alte Tapisserien, Teppiche, Kronleuchter. «Alles für unsere Gäste», erklärt unser Begleiter, Monsieur Gasnier: «Dreißig Jahre lang hat das Anfang unseres Jahrhunderts ein gewisser Monsieur Dresch aus Liebhaberei zusammengetragen!» In dem patriarchalisch eingerichteten Speisesaal blicken wir durchs Fenster auf die roten Felsen, an denen die Wellen hochschlagen. «Gestern nacht noch schwamm weit draußen der Steinbutt, aus dem dieser ‹Gâteau de Turbotin au Safran et Champignons› zubereitet ist.» Wir stoßen an auf das höchst seltene Zusammentreffen von Kunst, Gastronomie und exquisiter Landschaft an diesem Ort, der schon den Phöniziern, Venetern und Normannen so gut gefiel.

Direkt am Meer lag auch, als es im 13. Jahrhundert gebaut wurde, das Schloß Suscinio. Von Dünen umgeben, ist es heute eine der stattlichsten Ruinen mit sechs wuchtigen Türmen, Wassergräben, riesigen Kaminen. Zwar ist die Etymologie unsicher, aber man hat den Namen als «sans soucis» (souci n'y eut) gedeutet, und in der Tat errichtete der Herzog Pierre Mauclerc es als Sommerresidenz. Jetzt ist man dabei, aus der «sorgenfreien» Burg ein Kulturzentrum zu machen. Ein Muß ist in dieser Gegend die Besichtigung der romanischen Kirche Saint-Gildas-de-Rhuys, die auf eine Klostergründung aus dem 6. Jahrhundert zurückgeht. Von der um das Jahr 1000 errichteten Benediktinerabtei existieren nur noch die Südmauern; unverändert sind die in den folgenden zwei Jahrhunderten errichteten Chorsäulen. Einige der phantasievollen Kapitelle mit verschlungener Ornamentik dienen heute als Weihwasserbecken.

Zur Abwechslung unternehmen wir einen Abstecher ins Landesinnere. Der Raum von Questembert, Rochefort-en-Terre, Redon war im 9. Jahrhundert wiederholt Schauplatz von Unabhängigkeitskämpfen. In der Nähe des auch heute noch La Bataille (die Schlacht) genannten Fleckens besiegten im Jahre 845 die Bretonen auf ihren flinken Pferden das doppelt so starke Heer des Frankenkönigs Karl der Kahle, und 43 Jahre später wurden die Normannen bei Questembert von Alain dem Großen geschlagen. Das Bewußtsein der Notwendigkeit, die bretonische Eigenart zu verteidigen, ist in diesem Grenzgebiet vielleicht stärker ausgeprägt als anderswo. «Kistreberzh» (Kastaniensegen) wird auf französisch zu Questembert; das Städtchen rühmt sich, abgesehen von den Renaissancehäusern mit Holzschnitzereien, seiner großartigen dreischiffigen Markthalle, die im 17. Jahrhundert ein Zimmermann der Marine nach dem Muster eines Galeerenrumpfs — Kiel nach oben — baute. Auf 36 Steinsockeln erhebt sich das Holzgerüst, das ich erlebte wie eine Fuge von Bach. Einen Genuß ganz anderer Art boten die fein aufeinander abgestimmten Gänge, die Georges Paineau — sein Hobby ist die Malerei — im Hôtel de Bretagne wie Stilleben serviert: Sein Brot bäckt er selbst, den Hummer bringt er auf Kohlblättern auf den Tisch, den Ziegenkäse mit Himbeeressig, Schnittlauch, Nußöl. Der Koch mit dem schwarzen Walroßbart hält für Feinschmecker, die auf keinen Fall zunehmen möchten, ein kalorienarmes Diätmenü bereit.

Der malerischste Ort unserer Reise? Rochefort-en-Terre. Hier grüßen uns mit Blumen geschmückte Granitpaläste; ein idyllischer Brunnen murmelt wie im Märchen; das Amtsgericht träumt von vorgestern. Die Figuren des Kalvarienbergs scheinen sich unter die schützenden Fittiche der Kirche geflüchtet zu haben. Von dem feudalen Schloß (1793 zerstört) existiert noch die große Galerie, die flandrische Tapisserien, alte Möbel und Bilder beherbergt.

Nantes, von 937 bis 1532 die Hauptstadt der Bretagne, macht hier, wo die sich in verschiedene Arme aufspaltende Loire dem Ozean zustrebt, einen mittelfranzösischen Eindruck. Da rundherum Reben prächtig gedeihen, kommt der Verdacht auf, daß die Bretonen, die ja selbst nur Cidre produzieren, diese Gegend des guten Weines wegen annektierten. Die meisten Herrscher hatten denn auch in Nantes ihre Residenz, kamen hier zur Welt, heirateten, starben. Jedes französische Kind kennt das von Heinrich IV. verfügte Edikt von Nantes (1598), das den Religionskriegen ein Ende setzte. Wer würde in so einem herrlichen Schloß nicht gern gewohnt und Ausschau gehalten haben von der italienischen Loggia des Turms der Goldenen Krone? Ob man das festungsartige Château mit dem Reiseführer in der Hand baugeschichtlich studiert oder ganz einfach die Wucht der Mauern, die Eleganz der Renaissancefassade auf sich wirken läßt — Nantes prägt sich mit diesem Bau unvergeßlich ein. «Kenavo Breiz'h!» — Auf Wiedersehen, Bretagne!

Gehört der Mont-Saint-Michel zur Bretagne oder zur Normandie? Da er an der Grenze liegt, beanspruchen beide Provinzen ihn für sich. In Wirklichkeit, meint Yann Brekilien, ist er weder mit dem einen noch dem anderen Land eng verbunden; er gehört nur sich selbst. Einst hieß der Granitkegel Mont-Tombe und war dem keltischen Gott Belenos, dann dem die Seelen geleitenden Merkur geweiht. Im Jahre 709, als eine Dörfer und Wälder unter sich begrabende Flutwelle das Felsheiligtum zur Insel werden ließ, erschien der Erzengel Michael dem Bischof von Avranches, dem heiligen Aubert, mit dem Auftrag, auf einem Fels im Meer einen Gott geweihten Bau zu errichten. Schon unter Karl dem Großen wurde das so entstandene Oratorium zu einer Pilgerstätte, die den Michaelskult des Klosters San Gargano in Italien übernahm. Im Jahre 933 setzte der Normannenherzog Richard I. Benediktinermönche aus der Abtei Saint-Wandrille auf dem Mont-Saint-Michel ein, und sein Sohn Richard II. ließ neunzig Jahre später über der karolingischen Kirche eine romanische Abtei errichten, von der vier große Säulen erhalten geblieben sind. Als Robert de Torrigni 1154 Abt des Klosters wird, erlebt es eine Blütezeit: 43 Pfarreien, 30 Dörfer, sechs Wälder, 100 Mühlen unterstehen ihm. Torrigni organisiert die Bibliothek, hält in einer großen Chronik alle wichtigen Ereignisse fest — kurz, während der 32 Jahre seiner Herrschaft wird der gleich einer Fata Morgana steil aus dem Meer aufsteigende Granitkegel zu einem geistigen Mittelpunkt des Okzidents. Anfang des 13. Jahrhunderts belagern Bretonen im Auftrag des französischen Königs den Berg und zerstören teilweise die Abtei. Doch sobald Philipp August sich der Normandie bemächtigt hat, befiehlt er den Wiederaufbau; in 25 Jahren errichten Mönche die «La Merveille» (das Wunder) genannte gotische Kirche, die mit ihrer Spitze den Fels zu jenem märchenhaften Gebilde werden läßt, von dem Victor Hugo dann sagen wird: «Todtraurig werd ich diese Welt betrachten / Oh, wie weit ist das Meer und tief die Seele! / Saint-Michel taucht aus den salzigen Fluten auf / Cheops des Westens, Pyramide der Meere.»

Fortan unternehmen alle französischen Könige eine Pilgerfahrt zum Mont-Saint-Michel. Typhaine de Raguenel, die Frau des Kommandanten Bertrand du Guesclin, der ab 1357 die befestigte Abtei befehligt, widmet sich hier in einem der Türme zwanzig Jahre dem Studium der Sterne.

Jeden Tag zieht sich das Wasser bei Ebbe siebzehn Kilometer zurück und flutet dann mit der Geschwindigkeit eines galoppierenden Pferdes wieder heran. Das muß man berücksichtigen, um die gewaltige Bauleistung zu würdigen. Denn das Material mußte vom Festland oder von nahen Inseln herangeschafft und an den Steilhängen hochgehievt werden. Durch die Porte de l'Avancée, dem einzigen Zugang, gelangen wir in einen ersten Burghof. Nachdem wir ein zweites Burgtor passiert haben, nähern wir uns der Porte du Roi, an der wir oben noch das Fallgatter sehen. Die Grande Rue mit Häusern aus dem 15. und 16. Jahrhundert wird von Souvenirläden beherrscht, wie es sie ohne Zweifel im Mittelalter schon gab. Wir steigen über die ausgetretenen Granitstufen langsam hoch — Crêperien laden zum Verschnaufen ein — und erreichen das von zwei Türmchen überragte Châtelet. Spitzbogengewölbe und ein Kamin kennzeichnen die Wachstube; wir schreiten über den nackten Fels. Nach dem Almosensaal bewundern wir den La-Merveille-Komplex und erkennen, wie hier die Gotik aufblüht, sich im Klostergang verfeinert, im Gästesaal elegante Formen annimmt, im Rittersaal majestätisch prunkt und im Refektorium geheimnisvoll das Licht einströmen läßt. Nur Menschen, die bereit waren, unter Einsatz auch der letzten physischen und geistigen Energien eine auf den ersten Blick unlösbare Aufgabe in Angriff zu nehmen, konnten der ungeheuren Widerstände Herr werden. Das «Wunder» begann schon damit, daß der heilige Aubert in dem heute mit Eichen bepflanzten Klostergarten eine Süßwasserquelle entdeckte. Erstaunlich ist, daß es eben nicht nur gelang, ein die Jahrhunderte überlebendes Bollwerk zu schaffen, sondern auch unübertreffliche Kunstwerke.

Die Normandie

Keine Gegend Frankreichs ist mit Kirchen, Schlössern, Herrensitzen so dicht besät wie die Normandie. In unmittelbarer Nähe von Rouen gibt es mehr als ein halbes Dutzend Abteien, freilich überwiegend als Ruinen. Etwa vom Jahr 1000 an, als das Herzogtum sich allmählich zum Staat entwickelt, wird die Normandie zu einer einheitlichen Kulturlandschaft und bleibt es bis in die späte Gotik hinein. In der zweiten Hälfte des 11. Jahrhunderts kommt es in der Sakralarchitektur zu Neuerungen, die spezifisch normannisch sind. Die zuerst in Caen und Umgebung praktizierte Überspannung mit Kreuzrippengewölben, die Einrichtung von Laufgängen in Fensterhöhe, das über einem verschlungenen Bandfries angelegte Triforium (Bogenreihe zwischen Arkaden und Fensterzone der Hochwand), die Entwicklung eines komplizierten Stützensystems — all das kommt einer Revolution gleich. Nach der Eroberung Englands durch Wilhelm den Eroberer (1066) wird die neue Bauweise jenseits des Kanals konsequent, ja oft noch kühner, fortgesetzt. Dort nennt man den romanischen Stil «the Norman style». Die sich organisch daraus entwickelnde Gotik nimmt denn auch ihren Anfang in der Kathedrale von Durham, ehe deren «offizielle» Geburtsstunde in der Ile de France schlägt. Die neuere Kunstgeschichte hat, vor allem bei der Betrachtung der Kirche Saint-Etienne in Caen, Zweifel angemeldet hinsichtlich der Unterscheidung von Romanik und Gotik in Rund- und Spitzbögen.

Die damals in der Normandie tätigen, anonym gebliebenen Steinmetzen und Baumeister (man nannte sie auch magister operis, artifex, architector) waren auf Klarheit, Überschaubarkeit, Harmonie der Verhältnisse bedacht — alles Eigenschaften, die als typisch normannisch gepriesen werden. Sie treffen haargenau auf einen Maler unseres Jahrhunderts von internationalem Ruf, den Normannen Fernand Léger, zu. Der immer wieder in seine Heimat zurückkehrende Künstler liebte die Maschinen, malte die Arbeiter am Bau, in der Fabrik, klar gegliedert, ohne unnützen Dekor; obwohl er bis an

oder Dieppe ist? Also gibt es sicher normannische Typen, die das Gegenteil vom Klischee sind — überschwängliche Naturen, die Arabesken, Schmuck um jeden Preis lieben! Sie sind es, die den flamboyanten Stil erfinden, die überladene Spätgotik, die im 16. Jahrhundert in Rouen vortrefflich gedeiht. Die durch den Seehandel überschnell zu Reichtum gelangte Bourgeoisie gab ihrem überschäumenden Lebensgefühl in dieser an den Jugendstil erinnernden Tendenz Ausdruck. Übri-

Der Mont-Saint-Michel nach einem Stich von 1834.

die Grenzen der Abstraktion vordrang, blieb er dem Gegenstand (dem Gegenständlichen) treu. Hat nun diese auf scharfen Kontrasten beruhende funktionelle Kunst das Monopol des normannischen Charakters?

Sind die Normannen nicht — wie die Franzosen überhaupt — eine Mischung aus Völkerschaften, die aus allen Himmelsrichtungen in die Normandie vordrangen? Wer wüßte schon zu sagen, wie stark der skandinavische Anteil in einem Einwohner von Rouen

gens prägte ein Altwarenhändler aus Rouen den Begriff «flamboyant» erst im 19. Jahrhundert.

Dieppe, die Küste, Le Havre,
Saint-Wandrille und Jumièges

Dieppe, für die Pariser der am nächsten gelegene Badeort, wird im 16. Jahrhundert zu einer blühenden

113

Stadt, die ihren Wohlstand dem Handel verdankt. Nicht nur die Schiffe Spaniens und Portugals, auch die der Normandie befahren die Weltmeere und kehren vollbeladen zurück. Der Korsar Jean de Béthencourt bemächtigt sich der Kanarischen Inseln, die 1402 dem Königreich Normandie einverleibt werden. Auf einer im Städtischen Museum ausgestellten Landkarte aus dem Jahre 1546 sind Europa, Afrika und die angrenzenden Länder mit erstaunlicher Genauigkeit eingetragen. Das war die

lich von Dieppe ein Glasfenster kreiert und dort auch seine letzte Ruhestätte fand. In Varengeville besuchen wir den wie für Adler geschaffenen, kunstvoll aus Ziegelsteinen gefügten «Taubenschlag» des Ango-Herrensitzes, der italienischen Einfluß verrät. Wir fahren im Zickzack in tiefe grüne Täler hinein, steigen wieder zu den Klippen hoch, sehen uns auf dem Plateau Herrensitz und Friedhof von Maleville-les-Grés, dann das Château d'Auberville-la-Manuel an, ehe wir in Fé-

Dieppe nach einem Stich von 1843.

Zeit der Welteroberer. Einer ihrer Hauptgeldgeber lebte in Dieppe: Jehan Ango. Auf dem die Stadt beherrschenden Fels hat er sein heute noch guterhaltenes Schloß gebaut. Ango, Schiffseigner, Bankier und Gouverneur in einem, ist vom Kaliber der Fugger, denn ebenso wie die Augsburger Großkaufleute dem deutschen Kaiser Karl V. leiht er dem französischen König Franz I., den er bei sich empfängt, beträchtliche Geldsummen.

Elfenbein, das die Schiffe von weither nach Dieppe bringen, wird im 18. Jahrhundert von Handwerkern virtuos bearbeitet — zu Segelschiffen, Tabatieren, Nähkästchen. Dank seines langen Rasenstrandes wird Dieppe 1853 zum ersten französischen Modebad und zum Treffpunkt für Maler. Auf Hubert Robert folgen Isabey, Boudin, Pissarro, Dufy und Picasso, den Braque oft begleitet, der für die pittoresk auf einer Klippe erbauten mittelalterlichen Kirche von Varengeville süd-

camp halt machen. Fécamp unterscheidet sich von vielen anderen Fischerhäfen der Normandie durch seine den ganzen Ort beherrschende Abteikirche La Trinité, die trotz der in mehreren Jahrhunderten vorgenommenen Veränderungen ihr kompaktes Aussehen bewahrt hat. Erbaut im Stil der frühen normannischen Gotik, hat sie fast die Ausmaße von Notre-Dame in Paris. In ihr liegt der erste Abt, Guillaume de Volpiano, begraben, der, aus Oberitalien stammend, von Dijon herkam. Er war ein hochkultivierter Mann, der nicht nur in Fécamp, sondern auch in Jumièges, Rouen, Bernay und am Mont-Saint-Michel dem in seiner Heimat längst schon praktizierten romanischen Baustil zum Durchbruch verhalf. Bemerkenswert sind noch die auf der Nordklippe im 12. Jahrhundert erbaute, den Hafen und das Meer überragende Seefahrerkapelle Notre-Dame-du-Salut und die nahe beim Krankenhaus gelegene «Fontaine du Précieux Sang» (Brunnen des kostbaren

Blutes), die offensichtlich mit der Gralssage in Zusammenhang steht.

In Etretat, wo die Meeresfluten aus einer vorragenden Klippe ein Riesentor herausgespült haben, weilte oft bei seiner Mutter Guy de Maupassant, der das weißgraue Naturmonument mit einem Elefanten verglich, der seinen Rüssel ins Meer taucht.

Städte, deren zeitgenössische Bauten sich in künstlerischer Beziehung mit denen vergangener Jahrhunderte

Privatleuten vorgenommenen Restaurationen gereichten den einstigen Klosterbauten kaum zum Vorteil. 1931 zogen jedoch wieder Benediktinermönche in die ehrwürdigen Anlagen ein. Von der frühgotischen Kirche sind beachtliche Mauerreste erhalten geblieben — so unter anderem das nördliche Querschiff mit über Eck stehenden Diensten und Strebepfeilern.

Als «schönste Ruine Frankreichs» wird jedoch die Abteikirche Notre-Dame von Jumièges gepriesen.

Jumièges im Mondlicht, nach einem Stich von 1843.

messen können, haben Seltenheitswert. Le Havre kann sich rühmen, mit seinem Kulturzentrum ein beispielhaftes, ja zukunftsweisendes Bauwerk aufzuweisen: eine breite, sich dem Hafen und dem Meer öffnende Fensterfront, mobile Beleuchtungsanlage und Schiebewände für Ausstellungen. In diesem Zusammenhang ist die 1957 vollendete Kirche in Yvetot zu nennen; ungewöhnlich ist schon der rosafarbene Zement der Rotunde. Die schönen Kirchenfenster von Max Ingrand erzählen die Geschichte normannischer Heiliger.

649 gründete der heilige Wandrille, ein Würdenträger am Hof des Merowingerkönigs Dagobert, eine Abtei, die zweihundert Jahre später von den Normannen in Brand gesetzt wurde. Im 10. Jahrhundert wiederaufgebaut, wird sie Mitte des 13. abermals vom Feuer zerstört; doch nach kurzer Zeit wird der Neubau eingeweiht. Während der Französischen Revolution dient sie als «Steinbruch». Die Ende des 19. Jahrhunderts von

Trotz der barbarischen Zerstörungen repräsentiert sie ein Musterbild der Frühromanik: Die Fassade blieb in ihrer architektonischen Reinheit erhalten; das oben offene Schiff gleicht einem Wrack in drei Etagen mit zerbrochenen Stützen, Resten von Kapitellen. Dort, wo das Schiff in den gotischen Chor übergeht, läßt eine freigelegte Mauerstelle mit einem in Ockertöne eingebetteten Flügeltier auf den einstigen Innenraum schließen. Auf den Wiesen der Parkanlagen weiden Schafe und Ziegen, um die Türme fliegen Mauerfalken. Wir sehen uns die nahe Kirche Saint-Pierre an, die auf merowingischen Fundamenten im 10. Jahrhundert errichtet wurde und von der nur zwei überwachsene Mauerreste übriggeblieben sind. Große, leere Steinrundungen lassen uns vermuten, daß sie einst mit Mosaiken ausgefüllt waren. Intakt in ihrer weißen Schönheit ist die frühromanische Kirche Saint-Georges in dem kleinen Ort Boscherville.

Le Tréport, Rambures, Lyons-la-Forêt,
Écouis, Château Gaillard, Rouen

In Tréport machen wir mit den für die normannische Küste, die Falaise, so charakteristischen Klippen Bekanntschaft, die durch Auswaschung zuweilen seltsame Formen angenommen haben. Die in der Oberstadt gelegene Kirche Saint-Jacques fiel im 14. Jahrhundert teilweise ein, als das Erdreich unter ihr wegrutschte. Sie

entlang der Mauer keramische Hirsche mit echtem Geweih.

Wie so manche andere normannische Abtei präsentiert sich auch die Abbaye de Mortemer bei Lyons-la-Forêt als Ruine. Der Ort hat Berühmtheit erlangt, weil hier im Jahre 1054 die Normannen ein französisches Heer völlig vernichteten. Lyons-la-Forêt, dieses idyllisch von Wäldern umgebene Dorf der Rosen und malerischen Fachwerkhäuser, bewahrt in seiner Kirche

Eu nach einem Stich von 1843.

wurde im 16. Jahrhundert in spätgotischem Stil wiederaufgebaut. Unter dem Rippengewölbe wirken die Schlußsteine wie Kandelaber. Notre-Dame et Saint-Laurent in dem nahen Eu gehört zu den schönsten Sakralbauten der Normandie: das ziemlich lange und enge Schiff mit seinen elf Säulenpaaren, die nahtlos in das Gewölbe übergehen, ist beispielhaft für die normannische Gotik des 13. Jahrhunderts. Der Kirche gegenüber liegt das Schloß der Familie von Orléans mit seinem fünftorigen Mitteltrakt, der von turmartigen Bauten und je zwei Seitentrakten flankiert wird. Das Château de Rambures zeichnet sich unter den Hunderten normannischen Schlössern durch seine originelle kompakte Architektur aus; die acht wuchtigen Türme auf quadratischem Grund vermitteln einen überaus wehrhaften Eindruck. Nicht weniger imposant ist das Château de Mesnières, dessen Prunkstück die «Galerie des Cerfs» ist: auf Sockeln thronen in halber Höhe

Holzfiguren aus dem 14. Jahrhundert auf. Die Kollegialkirche von Écouis wird in alten Chroniken wiederholt erwähnt; ihr Chorgestühl gehört zum ältesten Frankreichs. Im Querschiff sind zwei virtuose Statuen zu bewundern: die heilige Maria in Ägypten, deren Körper durch das lange, dichte Haar durchscheint, und die heilige Veronika, die das Schweißtuch mit dem kaum sichtbaren Antlitz des Erlösers hochhält.

Es gibt Bauten, bei deren erstem Anblick man den Atem anhält — dazu gehört das das Seinetal beherrschende Château Gaillard, welches Richard Löwenherz im 13. Jahrhundert zur Verteidigung gegen den französischen König Philipp August in kurzer Zeit erbauen ließ. Kenner sehen darin eine der genialsten militärischen Konzeptionen des Mittelalters. In den folgenden Jahrhunderten oft belagert, bietet es sich heute als höchst eindrucksvolle Burgruine dar. Im als Kulturzentrum eingerichteten Château de Vascœuil wird zeit-

genössische Kunst in ansprechender Weise gezeigt. Auf
den Rasenflächen, durch die ein Bach fließt, sind Skulpturen und Mosaiken von Vasarely, Braque, Léger und
ein Mobile von Calder zu besichtigen.

Obwohl Rouen wie viele an oder nahe der Küste
gelegene Städte im letzten Krieg stark in Mitleidenschaft gezogen wurde, ist es eine Kunstmetropole
ersten Ranges geblieben. Freilich, nichts kündet vom
gallischen Ratumagos, das die Römer in Besitz nah-

«Clocher» der einstigen Église Saint-André, die Kirche
Saint-Laurent, die als Museum für schmiedeeisernes
Kunsthandwerk eingerichtet worden ist. Unter dem
spätgotischen Justizpalast hat man 1976 einen mit hebräischen Inschriften bedeckten romanischen Bau freigelegt;
man ist noch nicht sicher, ob es eine Synagoge oder eine
jüdische Universität war. Die Straße am Justizpalast heißt
Rue aux Juifs, was darauf schließen läßt, daß Rouen
im Mittelalter eine wichtige jüdische Kolonie hatte.

Rouen nach einem Stich von 1843.

men — außer den kärglichen Spuren eines Amphitheaters —, nichts vom Norwegerfürsten Rollo, dessen
Herrschaft über Rouen und Teile der Normandie im
Jahre 911 vom französischen König anerkannt wird.
Rouen ist, von wenigen romanischen Ausnahmen abgesehen, eine von der Gotik geprägte Stadt, in der sich
aber auch die beginnende Renaissance zeigt. Das
springt gleich bei einem ersten Rundgang ins Auge.
Da ist die Kathedrale, die nach den Zerstörungen von
1944 heute fast wieder in ihrer einstigen Pracht — so
wie Monet sie auf die Leinwand bannte — vor uns
steht; der das Stadtbild bestimmende metallische Spitzturm wirkt allerdings als Fremdkörper. Da ist die Abteikirche Saint-Ouen mit ihren Apsiden und Seitenkapellen; die Saint-Maclou-Kirche mit ihrem genau über
der Mitte des Schiffes aufragenden Turm; der Anfang
des 16. Jahrhunderts erbaute große Glockenturm mit
seiner prächtigen Arkade, der wie verwitwet dastehende

Einzigartig ist der Skulpturenreichtum der Kathedrale. Die beiden Seitenportale waren für das des Lesens
unkundige Volk offene Bücher. In quadratischen Flachreliefs sieht man unter anderem ein Schwein, das Zahnschmerzen hat, einen die Glocke läutenden Ziegenbock,
eine sich im Spiegel beschauende Schöne. Ein Meisterwerk der Renaissance ist das Grabmal, das Diane von
Poitiers — sie selbst kniend — für ihren Gatten Ludwig
von Brézé errichten ließ. Noch prächtiger ist das Mausoleum der beiden Kardinäle von Amboise: Zwischen
den beiden Knienden ist im Flachrelief ihr Namenspatron, der heilige Georg, dargestellt, der mit seiner Lanze
den Drachen tötet. In Nischen darunter sehen wir die
sechs Kardinaltugenden mit ihren Attributen. Bemerkenswert sind die Kirchenfenster, von denen einige aus
dem 13. Jahrhundert und teilweise vom selben Künstler
— Clément — stammen, der in Chartres tätig war. Von
dem unter Philipp August (13. Jahrhundert) erbauten

Fortsetzung Seite 137

117

Valay, Mönch des Klosters von Landévennec, hatte sein erstes Bethaus ganz in der Nähe des Hauptorts der Diablinter, der später zur Stadt Dinan wurde.

Eines Tages hielt er den Frauen der Umgebung ihre Lebensführung vor, die sehr zu wünschen übrig ließ, und ihre böse Zunge. Sie rotteten sich gegen Valay zusammen und verjagten ihn mit Steinwürfen. Er ergriff die Flucht, um ihnen zu entkommen. Die Frauen machten sich jedoch zu seiner Verfolgung auf. Sie liefen schneller als er und glaubten ihn bei den Höhen zu erwischen, welche die Wände des Rancetals bildeten. Doch zu ihrer großen Verblüffung sahen sie Valay das Tal mit einem Satz überspringen, um auf einem Fels jenseits des Flusses zu landen, wo man noch seine Fußspuren zeigt.

Valay verzichtete auf die Rückkehr nach Dinan und errichtete seine Klause auf dem rechten Ufer der Rance, das später den Namen Lann-Valay (Lanvallay) annahm.

LEGENDE

Legenden zu den Bildern 55 bis 70

55 Sänger beim « Pardon de Coat Keo » in Scrignac, Bretagne. Den meisten Bittgängen und Prozessionen folgt traditionellerweise ein Fest mit sportlichen Wettkämpfen, Tanz und Musik.

56 Wohnung in der Stadtmauer von Fougères, Bretagne.

57 Frisiersalon in Pont-Aven, Bretagne.

58 Schafscheren in Jumièges, Normandie. Das Seinetal ist im übrigen zu einem Industriegürtel geworden, der sich von Paris bis Le Havre zieht.

59 Nach der Jagd, Bretagne.

60, 61 Marktstilleben.

62 Fleischerladen in den Markthallen von Rouen.

63 Bretonin mit « coiffe » beim Abwiegen von Muscheln in Quimper.

64, 65 Beim Boule ist die Absicht jedes Spielers, eine seiner Kugeln möglichst nahe beim « cochonnet », der kleinen Zielkugel, zu plazieren. Das Spiel ist seit dem 13. Jahrhundert bekannt.

66 Café in Rouen, Normandie.

67 In einer Hafenkneipe in Cancale, Bretagne.

68 Kartenspieler auf einem Fischerboot in der Mont-Saint-Michel-Bucht. Die Fischer warten auf die Ebbe, die ihnen erlaubt, Muscheln einzusammeln.

69 Kneipe in Vimoutiers, Normandie. Cidre (Apfelwein) und Calvados (lang gelagerter Apfelbrand) sind normannische Spezialitäten, die sich der Besucher nicht entgehen lassen sollte.

70 Ein bretonischer Nomade, der seinen Esel mit Küchenabfällen füttert, kleine Transporte tätigt, Kinder spazierenführt und viel, viel Zeit hat.

Die
Menschen

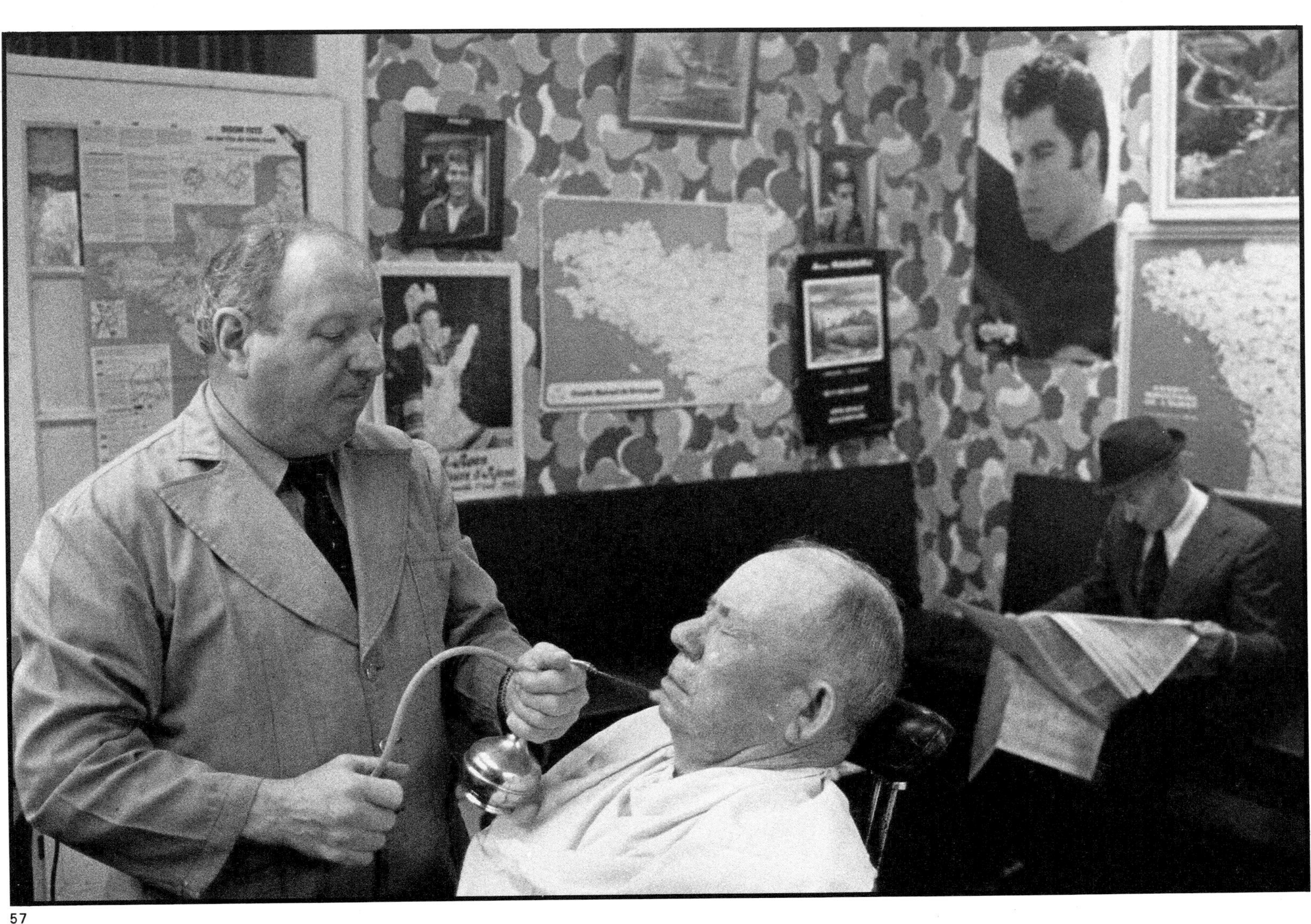

57

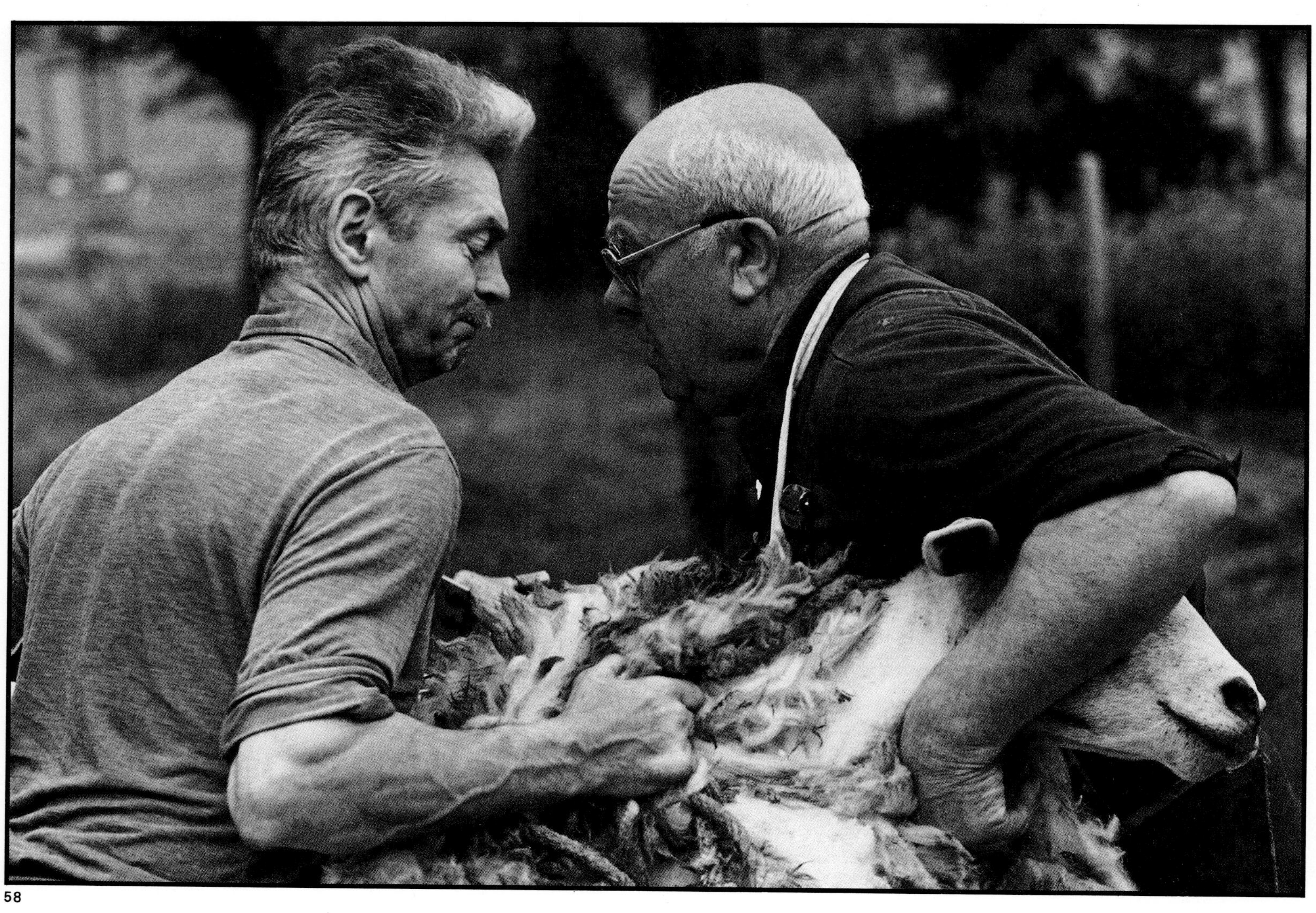

58

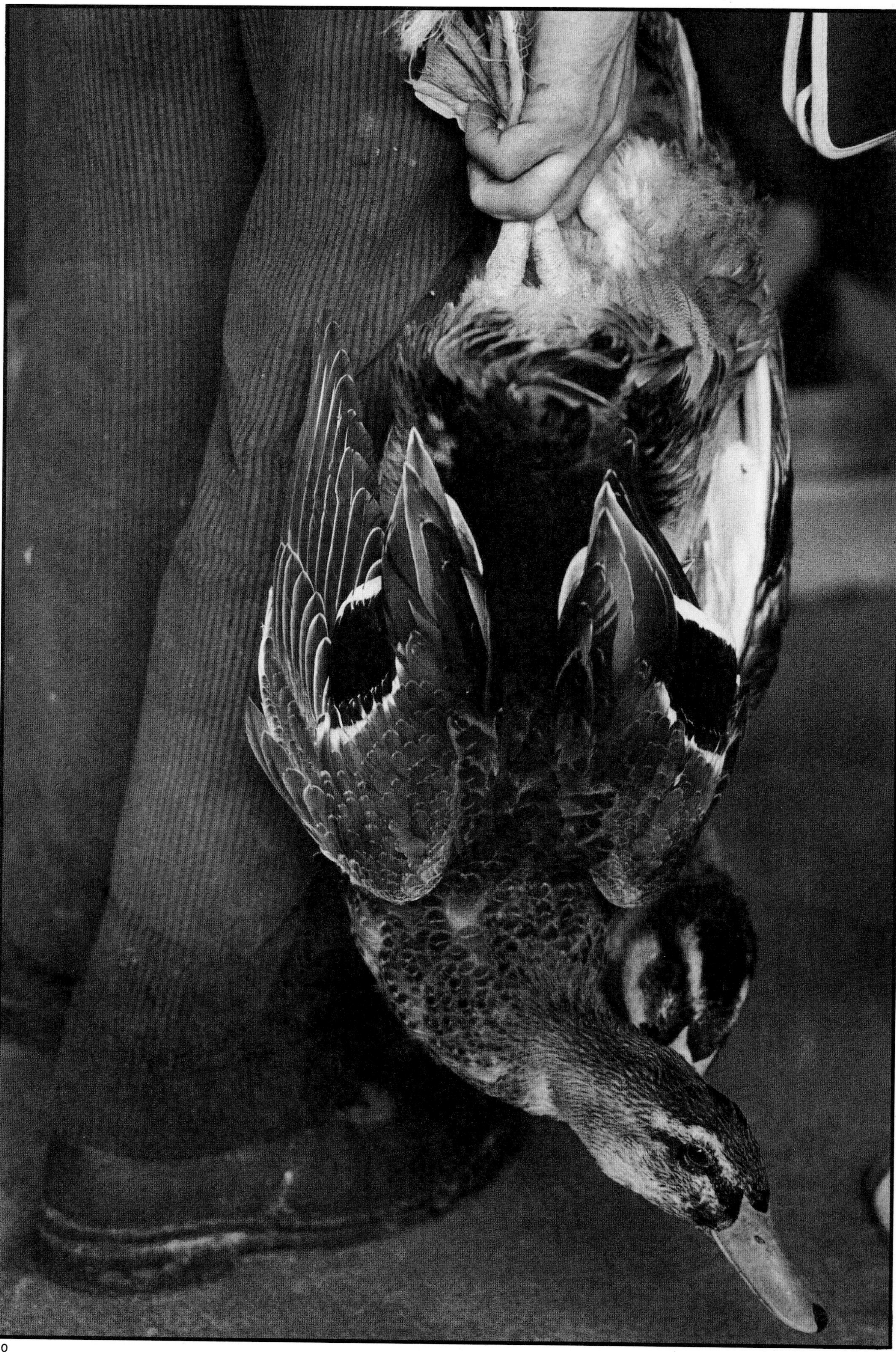

Schloß ist der mächtige Wachturm erhalten geblieben, in dem 1431 die Jungfrau von Orléans gefangengehalten wurde, ehe man sie auf dem Scheiterhaufen öffentlich verbrannte. Ihr zu Ehren hat man 1978 eine kühn konzipierte Kirche auf dem Marktplatz erbaut. Konkave und konvexe schiefergedeckte Dreiecksflächen bilden das steile Dach, das in einen langen symbolischen Fischschwanz übergeht, der einen Laufgang überdacht. An der Stelle des einstigen Scheiterhaufens erhebt sich über einem Betonschaft ein metallenes Kreuz. Neben der aerodynamischen Kirche hat man im gleichen Stil die Markthallen errichtet. Der Jeanne-d'Arc-Kirche gegenüber liegt die älteste «Auberge» (Herberge) Frankreichs, «La Couronne», aus dem Jahr 1345. Von Eichengebälk und glänzendem Kupfergeschirr umgeben, kann man hier Entenbraten à la Rouennaise oder ein leckeres, mit rotem Loirewein zubereitetes Aalgericht genießen. Rouen, die erste Stadt Frankreichs, die Fußgängerzonen einrichtete, ist zu einem Kleinod der Fachwerkhäuser geworden; zwar ist die Wiederherstellung noch nicht abgeschlossen, aber schon jetzt braucht man mehrere Stunden, um die Vielfalt der alten Fassaden auf sich einwirken zu lassen.

Von Honfleur über Lisieux nach Caen

Das zu einem Touristenparadies gewordene Honfleur war im 19. Jahrhundert einer der Lieblingsaufenthalte für Künstler aus Paris; Baudelaire nannte es seinen «liebsten Traum». Wer in der Saison den Rummel nicht scheut, besucht das nahe beim alten Hafen gelegene Museum normannischer Volkskunst und die von Schiffszimmerleuten ganz aus Holz gebaute Kirche Sainte-Catherine. Bis Lisieux sind es, wenn wir dem Lauf des Touquet-Flusses folgen, 33 Kilometer. In dem durch die heilige Therese berühmt gewordenen Städtchen zieht uns vor allem die frühgotische Kathedrale an: Um 1170 läßt Bischof Arnulf auf dem Fundament der römischen Stadtmauer Saint-Pierre im «nouveau style» (Gotik) beginnen.

Die Wand wird über den umfangreichen Rundpfeilern, die durch Arkaden miteinander verbunden sind, von einem falschen Triforium ohne offenen Laufgang gegliedert. Im 13. Jahrhundert wird dann nach den Normen der normannischen Gotik der Chor erbaut — mit aufs äußerste zugespitzten Bögen und tief eingeschnittener, klar gegliederter Ornamentik. Im 15. Jahrhundert läßt Bischof Cauchon die Marienkapelle errichten, weil er, wie die Legende berichtet, das von ihm gefällte Todesurteil über Jeanne d'Arc sühnen wollte. Sein Grab wurde erst 1931 in der Kathedrale entdeckt. Die Fassade läßt mit ihren ungleichen Türmen (13. und 16. Jahrhundert) den Innenraum stilistisch nicht erraten. Die Skulpturen des Hauptportals wurden in den Religionskriegen und während der Französischen Revolution stark verstümmelt. Unbeschädigt blieb das schöne Chorgestühl.

Bernay hat die älteste erhaltene romanische Abteikirche der Normandie. Anfang des 11. Jahrhunderts von der Herzogin Judith in Auftrag gegeben und auf Betreiben von Guillaume de Volpiano fortgesetzt, wurde sie um 1050 vollendet. Sie hatte ursprünglich ein Schiff mit hohen Arkaden, einem Triforium und großen Fenstern, ein Querschiff und eine Apsis mit zwei Kapellen. Von all dem ist ein Teil des Schiffes mit Kapitellen aus dem Anfang des 11. Jahrhunderts erhalten geblieben.

Caen, die aus einer von den Normannen befestigten Insel hervorgegangene Stadt, wurde nach der Landung der Alliierten 1944 weitgehend zerstört, aber wie durch ein Wunder blieben die beiden für die normannische Romanik so wichtigen Benediktinerkirchen erhalten. Diejenige des Männerklosters, Saint-Étienne, besitzt eine Fassade von bewundernswerter Einfachheit: Kein Schmuck an oder über Haupt- und Seitenportalen, so als dürfte den Drang nach oben nichts aufhalten; diese strenge Vertikale mündet in die sich zu Spitzen verjüngenden gotischen Türme und Türmchen. Die großen Bögen des Mittelschiffs mit den schönen Arkaden darüber vermitteln befreiende Weite. Wo Seiten- und Längsschiff sich in der Vierung treffen, wird das einströmende Licht vom weißen Stein reflektiert. Die zur «Abbaye aux Dames» gehörende Dreifaltigkeitskirche entspricht in ihrer Kompaktheit dem romanischen Ideal — Laufgang über dem Triforium, in den Kapitellen Tier- und Menschenformen. In der kleinen Krypta drängen sich sechzehn Säulen, deren Kapitelle das ionische Motiv variieren und mit naiven figürlichen Darstellungen aufwarten. Die auf dem alten Friedhof gleichen Namens inmitten überwucherter Gräber gelegene Kirche Saint-Nicolas stammt aus der gleichen Zeit; ungewöhnlich die drei Arkaden am Eingang und der im Relief hervortretende Katzenkopf. Auch den oberen Teil der Apsis schmücken spitzohrige Tiere.

Vom Reichtum und Bauwillen der folgenden Jahrhunderte zeugt die Kirche Saint-Pierre, die in ihrer Substanz gotisch ist (im 13. Jahrhundert begonnen), im Inneren aber auch Elemente der Renaissance aufweist. Als Wilhelm der Eroberer Caen zu seiner Lieblingsstadt auserkor, ließ er auf dem sie überragenden Kalkfels eine Burg bauen, die man schon deshalb besuchen sollte, weil sie nach allen Seiten prächtige Ausblicke bietet sowie zwei Museen und eine gotische Kapelle beherbergt. Im Zentrum lädt die spätgotische Église Saint-Jean zum Verweilen ein. Bemerkenswert sind das Triforium und das Innere der dem Turm aufgesetzten Laterne im Flamboyantstil.

Nach so vielen Kunstgenüssen sollen auch die leiblichen zu ihrem Recht kommen: Hier, dem Schloß und der Peterskirche gegenüber, machen wir in «La Coupole» Bekanntschaft mit normannischer Küche: ein Aalgericht, «Matelotte d'Anguille au Bourgueil». Dem Apfelwein ziehen wir einen trockenen Muscadet vor; aber mit dem Calvados — diesem aus Cidre gewonnenen, mindestens zwölf Jahre alten Schnaps — lassen wir die «Tarte de l'oncle Roger» flambieren, die mit heißer Sahne serviert wird. Wir blicken auf das stolze Schiff von Saint-Pierre, dessen gotischer Mast die Sterne anpeilt. Die das spitze Dach umgebende Balustrade und die Strebebogen tragen eine Reihe gotischer Türmchen sowie — im Renaissancefrühling — reichmodellierte Vasen, Kerzenhalter, Wasserspeier und andere aus Stein gehauene Gebilde.

Es lohnt sich, mehrere Tage in Caen zu bleiben, um

liegt reizvoll in einer Senke und verrät den Einfluß der Architektur an der Loire.

Bayeux, der Hauptstadt des Bessin, blieb 1944 der Bombenhagel erspart, da die Alliierten erfahren hatten, daß die deutschen Truppen abgezogen waren. So sind die zahlreichen Fachwerkhäuser und die Kirche erhalten geblieben. Der Wikingerfürst Rollo heiratete Ende des 9. Jahrhunderts die Tochter des Stadtregenten, Popa; der aus dieser Ehe hervorgegangene Wilhelm Lang-

Honfleur nach einem Stich von 1843.

auch die Sehenswürdigkeiten der Umgebung kennenzulernen. In der direkt am Meer gelegenen Pêcherie in Courseulles lassen wir uns gefüllte Muscheln und ein Buttfilet mit exquisiter Sauce schmecken, die mit frischer Sahne — dem A und O normannischer Küche — zubereitet ist. In Creully grüßt uns mit seinen malerischen Türmen, Zinnen, moosbewachsenen Mauern das Schloß, in dem Marschall Montgomery 1944 Quartier bezog. Die heute als Schule für Gartenbau dienende Pfarrei Saint-Gabriel besteht aus einem stattlichen Hof; von einer um 1100 erbauten Kapelle ist die streng geordnete Fassade erhalten geblieben. Wie die meisten Bauten in der Bessin-Gegend wurde auch das Schloß Brécy aus Kalkstein, der mit den Jahren härter wird, errichtet. Auf der monumentalen Pforte (17. Jahrhundert) wachen steinerne Löwen, im Querbau sehen wir Baldachinbetten und mit Intarsien verzierte Möbel. Die in Etagen angelegten Gärten spiegeln den Stil von Versailles wider. Das Renaissanceschloß Fontaine-Henry

schwert wurde zum Begründer der normannischen herzoglichen Dynastie; man sprach hier skandinavisch — im Gegensatz zu Rouen, wo sich die französische Sprache einbürgerte. Die romanischen Türme der Kathedrale entstanden etwa um die gleiche Zeit wie die der Männerabtei von Caen; die gotischen Spitzen wurden im 13. Jahrhundert aufgesetzt. Chor und Apsis sind beispielhaft für die normannische Gotik. Im Bogenfeld des Südportals wird die Geschichte des Thomas von Canterbury bis zu seiner Ermordung erzählt. Im Hauptschiff beachte man in den Zwickeln die Figuren: Affe und Gaukler, Löwe und geflügelter Drache, ineinanderverkrampfte Ungeheuer oder den Mann mit Bart. Im Chor erkennt man über den Spitzbogenarkaden ein elegantes Triforium. Einige der mit Akanthusblättern besetzten Kapitelle stammen aus dem 11. Jahrhundert. Im Giebelfeld des linken Portals wird die Leidensgeschichte Christi, im rechten das Jüngste Gericht dargestellt. Die Arkaden des Mittelschiffs stammen aus dem

12. Jahrhundert, die sie schmückenden Flechtmuster-motive scheinen auf byzantinische Vorbilder zurückzu-gehen.

Einzigartig ist die Tapisserie der Königin Mathilde, die in einem der Kathedrale gegenüberliegenden Ge-bäude aufbewahrt wird, 1983 aber in ein eigens dafür geschaffenes Museum überführt werden soll. Diese mit-telalterliche Stickerei ist nicht nur einzigartig als Doku-ment eines wichtigen historischen Ereignisses, sondern auch als künstlerische Schöpfung: Wie in einem Film sehen wir, wie der angelsächsische König Eduard der Bekenner seinem Grafen Harald Godwinson befiehlt, dem normannischen Herzog Wilhelm die Botschaft zu überbringen, daß er eines Tages die englische Krone übernehmen solle. Harald überquert das Meer, wird von dem Ritter Guy zu Wilhelm geführt, indes der Zwerg Turold die Pferde bewacht. Feierliche Audienz. Der bretonische Herzog Conan erklärt Wilhelm den Krieg, der am Mont-Saint-Michel ausgetragen wird. Harald rettet die Reiter vor dem Tod im Treibsand. In Bayeux muß er dem normannischen Herzog den Treueschwur leisten, ehe er nach England zurückkehrt. Eduard stirbt, und Harald bemächtigt sich der Königs-krone. Als Wilhelm der Verrat zu Ohren kommt, läßt er eine Flotte bauen. Die vollbemannten Schiffe segeln siegesbewußt nach England — selbst die Pferde lachen —, man landet, reitet nach Hastings. Wadar überwacht die Köche, während in den Pfannen das Fleisch brut-zelt; Wilhelm setzt sich mit seinen Edelleuten an den Tisch. Um das Lager wird ein Graben gezogen; ein im Weg stehendes Haus in Brand gesetzt; Wilhelm spricht seinen Kriegern Mut zu; die Schlacht entbrennt, Haralds Brüder fallen. Odon, der Bischof von Bayeux, ermahnt die wankenden Krieger standzuhalten. Der verletzt geglaubte Normannenherzog lüftet sein Visier; auch Harald wird getötet, und die Angelsachsen fliehen. Am 14. Oktober 1066 wird Guillaume zu William the Conqueror, zum englischen König.

Die Bezeichnung «Stickerei der Königin Mathilde» kam erst im 18. Jahrhundert auf. Wahrscheinlich wurde das Werk bald nach der Schlacht von Hastings von dem Grafen von Kent und Bischof von Bayeux, Odon de Conteville, bei angelsächsischen Stickern in Auftrag gegeben. Die lateinischen Inschriften haben angelsäch-sischen Duktus. Gestickt wurde mit Wolle auf ein sieb-zig Meter langes und einen halben Meter breites Leinen-tuch. Die Leiterin des Museums, Liliane Pasquet, sagte mir, die in den letzten beiden Jahrhunderten vorgenom-menen Ausbesserungen ließen erkennen, daß die neuen Farben nicht die Beständigkeit der ursprünglichen ha-ben. Nach einem ersten Rundgang mit Tonbandinfor-mation (ausgezeichnete deutsche Fassung) sollte man den mit vielen Einzelheiten ausgestatteten Bericht wie ein Märchen erleben; erst dann wird man die Angel-sachsen mit ihren Schnurrbärten von den Normannen unterscheiden, die ihren Nacken ausrasiert haben.

Während wir im Bessin überall blendendweiße Stein-bauten sehen, fällt uns östlich von Caen im hügelig-grünen Pays d'Auge die Ziegelsteinbauweise auf. Das unter Denkmalschutz stehende Dorf Beuvron-en-Auge überrascht mit alten Fachwerkhäusern und einem 1548 erbauten Manoir (Herrensitz), dessen Fenster und Eck-türme von Blumen überquellen. Eine Besonderheit sind die gelbglasierten quadratischen Flachziegel, die zwi-schen dem diagonal angebrachten Holzwerk eingelegt werden. Wir beenden unsere Reise auf der Halbinsel Cotentin.

In Sainte-Mère-Église sehen wir uns die modernen Kirchenfenster an, welche die Landung amerikanischer Fallschirmjäger am 6. Juni 1944 buntfarbig festhalten. Wir erfreuen uns des ganz in Granit gebauten Städt-chens Saint-Sauveur-Le-Vicomte und bewundern in Coutances die Kathedrale, die auf so einzigartige Weise der Normannen Sehnsucht, in den Himmel aufzustei-gen, zum Ausdruck bringt.

Avranches gewährt uns einen letzten Blick über die weite Bucht auf den Mont-Saint-Michel. Wir wissen, daß wir längst nicht alles gesehen haben und scheiden mit der zum Volkslied gewordenen Melodie auf den Lippen, die der in Rouen geborene Dichter und Kom-ponist Frédérique Berat im vorigen Jahrhundert seiner Heimat widmete:
Die Gletscher der Schweiz, den italienischen Himmel,
die Gondeln von Venedig hab' ich gesehen,
aber es gibt kein schön'res Land
als meine Normandie.

Bretonisches Schicksal

Die nach einem berühmten Wort des Schriftstellers Henri Queffélec zugleich «offene und verschlossene» Bretagne verführt den Besucher allein schon durch ihre ausgesprochene Vielfalt. Der anstürmende Ozean hat aus unseren wilden Küsten hohe Halbinseln herausgeschnitten, begrenzt von Steilküsten und tiefen Buchten, die friedliche Strände und unzählige kleine natürliche Häfen bergen. Dem Land des Meeres, dem «Armor», steht das «Argoat», das Land des Waldes, gegenüber. Von den ursprünglichen Wäldern der zentralen Bretagne sind zwar heute nur verstreute Bestände übriggeblieben, dennoch bieten die Landschaften des Inneren dem, der sich von den Hauptstraßen entfernt, schönste Überraschungen. Dem etwa, der sich westlich von Rennes, im Schatten des Paimpont, mitten im Herzen des heute so zerstückelten mythischen Waldes von Brocéliande — dem Refugium des Zauberers Merlin — furchtlos ins «Tal ohne Wiederkehr» (Val sans retour) hineinwagt oder auf dem Rand des Brunnens von Barenton etwas von dem heilenden und Stürme entfesselnden Wasser vergießt — immer vorausgesetzt, er kennt den Zauberspruch.

Wenn meine Landsleute Ihnen von den Monts d'Arrée erzählen, lachen Sie sie nicht aus, weil jene kaum vierhundert Meter erreichen; klettern Sie lieber auf die zerklüfteten Felsen des Roc Trévezel — Sie werden nicht enttäuscht sein. Zu Ihren Füßen breiten sich sanfte Heiden mit blühendem Ginster und Erika aus; gegen Süden erblicken Sie den von einer bescheidenen, dem Erzengel Michael gewidmeten Kapelle gekrönten Menez-Mikel, einen der höchsten Gipfel der Bretagne. Der Berg war früher einem keltischen Berggott geweiht. Doch der Widersacher Luzifers hat auch ihn vertrieben und sicherlich in die Fluten des nahegelegenen Yeun Elez gestürzt, in dem wir Bretonen die Pforten der Hölle vermuten. Und suchen Sie bei klarem Wetter den fernen Horizont ab: Im Nordosten werden Sie den Sandstrand sehen, wo Prinz Efflam einen fürchterlichen Drachen ertränkte, auf der Gegenseite sind es die Kuppen des Menez-Hom, in deren Schatten König Mark, der Gemahl der blonden Isolde, ruht; und noch weiter hinten erahnen Sie die Bucht von Douarnenez, wo vormals die Stadt Is versank ...

Zwischen dem Armor und dem Argoat bilden die bretonischen Täler, die in die engen, tiefen, «aberiou» genannten Fjorde münden, ein natürliches Bindeglied. Am Ende dieser Fjorde, hinter der Linie, welche die höchsten Fluten erreichen, sind blühende Städte wie Dinan, Quimper oder Morlaix entstanden, die zu den schönsten der Bretagne zählen.

Die Täler haben in der bretonischen Geschichte seit jeher eine bemerkenswerte Rolle gespielt. Da sie fast ausnahmslos den Längenkreisen entlang verlaufen, stoppten sie immer wieder die von Osten, vom Kontinent her, kommenden Einflüsse und ermöglichten es der Bretagne, über lange Zeit ihre Unabhängigkeit und innerhalb Frankreichs und Europas ihre Eigenständigkeit zu bewahren. Gleichzeitig waren die Täler jedoch die Einfallstraßen für Menschen wie Ideen, die vom Meer her kamen. Seit der Vorgeschichte hatte die Bretagne Kontakt mit den Britischen Inseln und der Iberischen Halbinsel. Und durch diese Fjorde und Täler kamen jene Bretonen, die der Aremorika — dem Land zum Meer hin — mit dem christlichen Glauben auch den neuen Namen Britannia — Bretagne — brachten. Oder «Breiz», wie die Bretonen ihr Land nennen.

Während einige Gegenden der Bretagne von wilder, unberührter Pracht geblieben sind, wurden andere durch den Menschen tiefgreifend verändert. Die bretonische Landschaft verdankt ihre unvergleichliche Vielfalt nicht nur dem bewegten Relief; Akzente setzen auch Eichenwäldchen, Buchen- und Kastanienhecken, die die Felder begrenzen, oder Trockenmäuerchen als Einfriedungen von Weiden und Heideland, die an irische oder galizische Landschaften erinnern. Die ausgesprochene Streuung der ländlichen Behausungen, seien es nun Höfe oder die «penn-ti» genannten kleinen Häuschen, verraten einen grundlegenden Zug des bretonischen Menschenschlags: ein ins Extreme getriebener Individualismus. Eine andere Eigenschaft springt geradezu ins Auge: die tiefe Gläubigkeit.

Sozusagen an jeder Ecke haben unsere Vorfahren Kreuze errichtet. Die großen Kalvarienberge mit bis zu zweihundert Statuen sind zu Recht berühmt; man darf aber über ihnen diese meist schlichten und sehr alten Kreuze an Weggabelungen oder am Eingang der Dörfer nicht vergessen. Ebensowenig wie die in Talgründen oder hinter Baumgruppen verborgenen Kapellchen, die irgendeinem wundertätigen Heiligen geweiht sind, oder die heilenden Quellen, die ihre Kraft einer keltischen Gottheit verdankten, bis die Kirche es wagen konnte, diese durch einen Patron aus ihrer

Hierarchie zu ersetzen. Ein- oder zweimal im Jahr versammelt sich das Volk der Umgebung an diesen Orten zu einem Bittgottesdienst. Der Messe und der Prozession mit den Reliquien folgt ein Fest mit Volksliedern, Tänzen, traditionellen Spielen, dem bretonischen Ringkampf. Seit Jahrhunderten, vielleicht seit Jahrtausenden ist der Ort heilig; die Götter wechseln, aber die Bräuche bleiben.

Der Geograph Maurice Le Lannou hat es einmal treffend formuliert: Die Bretagne «würde sich vom übrigen Westen Frankreichs wenig unterscheiden, gäbe es nicht diese Bretonen in ihrer ganzen Einzigartigkeit». Ob von Frankreich, England oder Deutschland kommend, werden Sie sich in der Bretagne irgendwie fremd und verloren vorkommen. Sie werden erstaunt über gewisse unserer Bräuche und mehr noch über unser Denken und Tun sein: Die Kelten sind ja auch weder Romanen noch Germanen. Und das Bretonische ist in mancher Hinsicht ebenso weit vom Französischen entfernt wie Russisch oder Deutsch. Weder Orts- noch Familiennamen sind recht verständlich — oder erinnern zumindest an Vertrautes — ohne vertiefte Sprachkenntnisse. Sie werden enttäuscht feststellen, daß die Spitzenhäubchen, die Hüte mit ihren Seidenbändern und die bretonischen Trachten beinahe verschwunden und nur gerade noch bei Volksfesten zu bewundern sind. Diese Enttäuschung aber wird aufgewogen, wenn Sie an einem «festou-noz» teilnehmen, einer dieser nächtlichen Feiern, an denen Bretonen jeden Alters zum «kan ha diskan», einer Art Kanon, tanzen, oder wenn Sie feststellen können, daß trotz aller administrativen Widerstände neue Vorschulen oder Kindergärten eröffnet werden, in denen man bretonisch spricht. Oder wenn Sie sehen, mit welcher Verbissenheit die Bretonen um die Förderung ihrer Industrie kämpfen, die Abwanderung zu stoppen versuchen und ihre kulturelle Eigenständigkeit verteidigen. Solche Eindrücke sind vielleicht Anstoß, mehr über dieses einzigartige Volk erfahren zu wollen.

Die Bretonen — eine Porträtskizze

Jeder Versuch, die Bretonen auf körperliche Merkmale festzulegen, ist von vornherein zum Scheitern verurteilt. Wir sind groß oder klein, mager oder rundlich, blond, braun- oder rothaarig, rundschädelig und langschädelig ... Seit frühester Vorzeit sind die verschiedensten Völker — oft aus anderen Regionen vertrieben — in diese «Sackgasse» eingedrungen und hängengeblieben, da sie entweder nicht weiterwußten oder nicht weiterkonnten. Und hier haben sie sich in der Folge derart vermischt, daß es unmöglich ist, eine bretonische Rasse zu definieren, selbst wenn man der Häufigkeit gewisser Gesichtszüge oder Blutgruppen (Null und B sind in der Bretagne überdurchschnittlich vertreten) Rechnung trägt.

Wieso vermag dann aber das geübte Auge einen Bretonen auf den ersten Blick zu erkennen, sei es nun in einem Pariser Vorortszug oder im Gedränge der Métro? Und wieso wissen die Fremdenführer sofort, wer von den Hunderten Besuchern der Pointe du Raz ein Einheimischer ist und wer nicht? Mehr als äußerliche Kennzeichen sind es meiner Meinung nach Verhaltensweisen, die einem vertraut sind: Gesten, Gesichtsausdruck, Gang und natürlich — besonders wenn es sich um Bretonen aus dem Westen, der Basse-Bretagne, sogenannte Unterländer, handelt — Akzent, Betonung und unverwechselbare Redewendungen. Ich kenne Leute «ohne einen Tropfen bretonischen Bluts», die aber seit langem in der Bretagne und unter Bretonen leben. Sie werden sie von den «echten» nicht unterscheiden können. Bretone sein bedeutet zuallererst, einem bestimmten Kulturkreis anzugehören, in einem bestimmten geistigen Umfeld zu leben. Oder überspitzt: Man ist nicht als Bretone geboren, man wird es.

Was ein Porträt des bretonischen Wesens so schwierig macht, ist die ausgesprochene Vielfalt des Landes und seiner Menschen, besonders in den westlichen Regionen. Man springt über einen Bach und steht schon auf dem Territorium einer anderen Sippe, eines anderen Stammes. Eben haben Sie skeptische, gewitzte und spöttische Trégorianer kennengelernt oder genügsame, bescheidene Léonarder (was keineswegs einen ausgesprochenen Geschäftssinn ausschließt), und schon stoßen Sie auf die vernünftigen und zurückhaltenden «Glazik» von Quimper (so zurückhaltend, daß man ihnen nachsagt, sie vermieden das Denken aus Angst, man könne erraten, was sie dächten), auf die gastfreundlichen, stolzen und verschwenderischen Bewohner von Fouesnant, irgendwie nicht zu fassende Bigouden — ehrgeizig, prahlerisch und manchmal unverschämt, aber begabt, mutig und freigiebig Freunden gegenüber — und so manches andere kleine Völkchen. Jeder Bretone ist sich seiner «Stammeszugehörigkeit» bewußt und stolz darauf. Früher endete manche Wallfahrt mit Prügeleien, bei denen man mit dem «penn-baz» (dem Stock oder Knüppel, der erst in zweiter Linie als Stütze diente) aufeinander eindrosch; unter den Burschen aus den verschiedenen Sippen gab es jedesmal Verletzte und manchmal sogar Tote. Bei den heutigen Volksfesten trägt jede Tänzergruppe ihre Sippen- oder Dorftracht — es gibt denn auch nicht weniger als sechsundsechzig verschiedene Trachten mit unzähligen Variationen.

Die Bretagne ist ein eigentlicher Mikrokosmos, in dem die Menschenschläge ebenso vielfältig sind wie der Himmel und die Landschaften.

Und wenn man denn die Charakterzüge, die all diesen verschiedenen Völkchen eigenen, zu definieren sucht, stößt man noch und noch auf Widersprüche. Der Bretone ist mißtrauisch und gastfreundlich zugleich. Wie oft haben mir Fremde geklagt, wie schwierig es sei, sich mit Bretonen anzufreunden. Nichts wäre falscher! Wenn man Sie die Schwelle eines «penn-ti» oder eines Bauernhauses überqueren läßt, werden Sie mit einer in Jahrhunderten geübten, zurückhaltenden

Höflichkeit empfangen. Doch Ihr Gastgeber wird sich Ihnen nicht sogleich offenbaren, er braucht erst einmal Zeit, um Sie kennenzulernen; sollten Sie diese Prüfung bestehen, werden Sie einen verläßlichen Freund gewonnen haben.

Diese von Weisheit geprägte Bedächtigkeit ist mit einer gewissen Scheu verbunden. In Irland sollen viele Frauen und Männer ledig bleiben, weil sie es nie wagen, ihre Liebe zu gestehen. So weit kommt es bei uns Breto-

Um die bretonische Höflichkeit richtig einschätzen zu können, muß man um unsere mimosenhafte Empfindlichkeit wissen. Eine verletzende Bemerkung kann hier dauernde Verstimmung bewirken ... und die Wunden der Eigenliebe bleiben lange offen.

Ist es nun zur Überwindung seiner eigenen Schüchternheit und seiner Komplexe, daß der Bretone zu oft und zuviel trinkt — natürlich vor allem Wein? Dieser Hang ist nicht neu; Untersuchungen über den breto-

Am Ufer des Plomarc'h, mit Blick auf Douarnenez, 1912. Die Mädchen tragen ihre Spitzenhäubchen mit einem Satinband zusammengefaßt.

nen selten, doch ist es noch gar nicht so lange her, daß Liebende einen Botschafter, den «baz-valan» (der Name bezieht sich auf den Umstand, daß dieser bretonische Cupido ein Ginsterstöckchen mitführte), als Unterhändler benutzten. Dieser pflegte die delikate Materie mit der gebotenen Umsicht anzugehen, sprach zuerst vom Wetter, vom Glück im Stall und ähnlichem. Empfing man seine Werbung wohlwollend, war die Partie gewonnen, und er konnte die «Bedingungen» zwischen den beiden Familien aushandeln. War der Brautwerber allerdings nicht willkommen, gab man ihm schnell zu verstehen, daß weiteres Beharren kaum von Nutzen sei.

nischen Import von Alkoholika zeigen, daß er bereits im 16. Jahrhundert einen beträchtlichen Umfang erreichte. Einige Psychiater sprechen von der «bretonischen Neurose» und sehen in der «kulturellen Unterdrückung» einen der Gründe für den Alkoholismus und die ihn begleitenden psychischen Krankheiten. Diese Diagnose bestätigt eine von Simone Weil 1943 gemachte Beobachtung: «In diesem Volk gibt es verborgene Schätze, die nie ans Tageslicht treten konnten. Die französische Kultur entspricht ihm nicht, die eigene kann nicht gedeihen.» Die Behauptung, die Bretonen hätten resigniert, ist oberflächlich. Wie andere keltische Völker sind sie introvertiert; außerdem fällt es ihnen schwer, sich in einem aufgezwungenen kulturellen Rahmen zu entfalten. All dies erklärt den häufigen Griff zur Flasche ebenso wie die plötzlichen Zornesausbrüche und die unkontrollierte Gewalttätigkeit, die so manches leidvolle Kapitel unserer wechselhaften Geschichte prägten.

Der Bretone gilt als geradezu fanatischer Individualist, als unabhängiger Mensch, der immer seinen eigenen Kopf durchsetzt. Davon zeugt schon die ungewöhnliche Zersiedelung in der Bretagne; ein jeder träumt nur davon, sein Haus möglichst fern von jedem Nachbarn zu errichten; und die für die Gemeinden heute unerläßlichen Bebauungs- und Zonenpläne scheitern immer wieder an diesen tiefverwurzelten Wünschen der Bevölkerung. Dabei — und das ist einer dieser augenfälligen Widersprüche im bretonischen Charakter — würde keiner von uns guten Gewissens versichern können, er habe sich nie zu einem dieser großen Anlässe hingezogen gefühlt, wie sie etwa die «festou-noz», Fußball- oder Rugbyspiele und die Wallfahrten sind. Und welche Familie wäre schon so vergeßlich, einen der Ihren zu so wichtigen Kirchgemeinde-

versammlungen zu entsenden, wie sie etwa Begräbnisse darstellen?

Bretonen in der Fremde bleiben selten allein. Sie finden zusammen und bilden überall in der Welt — in Paris, in New York wie in Noumea — dauerhafte und einflußreiche Landmannschaftsvereine. Aber Vorsicht! Oft gewinnt der Geist der Unabhängigkeit die Oberhand. Das illustriert das Sprichwort: «Zwei Bretonen in der Fremde bilden einen Verein; mit dem Beitritt des dritten kommt es zur Spaltung.» So formen sich jedes Jahr — sozusagen nach dem Prinzip der Vermehrung durch Zellteilung — neue Gruppierungen, die sich ohne Zweifel wieder zusammenschließen werden, wenn die Gründe für die Trennung vergessen sind. In ihrer Heimat wie in der «Diaspora» träumen unzählige Bretonen davon, an der Spitze eines Unternehmens oder einer Zeitung zu stehen. Vielleicht um die angeborene Schüchternheit zu überwinden? Jedenfalls muß man das Ausmaß an Energie bewundern, mit dem jede dieser Splittergruppen am Leben erhalten wird, selbst wenn man die fehlende Koordination und Effizienz bedauert.

Dorf bei Douarnenez 1911. Die Häuser sind aus Granit- und Gneisbrocken aufgeschichtet, die Fugen mit Lehm gefüllt.

Oft sind es eher wirtschaftliche Zwänge als der Abenteuergeist, welche die Bretonen in die Fremde treiben. Meine Landsleute haben eigentlich immer Heimweh nach dem Dorf ihrer Väter. Doch manchmal entwickeln sie geradezu eine Meisterschaft darin, diesen Schmerz zu hätscheln. Hat der Kelte einen Hang zum Masochismus? Gibt es nicht etwas Verbindendes zwischen dem irischen «spleen», der galizischen «morriña», der portugiesischen «saudade» und diesem seltsamen Gefühl der Bretonen? Bekanntes Beispiel ist der Barde Narcisse Quillien, der sich in Vers und Prosa beklagte, fern seiner Bretagne leben zu müssen. Ein Gönner bot ihm eine Stellung in der Heimat an. «Und was würde aus meinem Heimweh?», fragte der Sänger.

Doch wenn uns dieses Heimweh mit den Bewohnern der westlichsten europäischen Regionen verbinden mag — England und Irland natürlich immer ausgenommen —, glaube ich behaupten zu dürfen, daß wir eine Redlichkeit, einen Stolz und ein Ehrgefühl besitzen, die in ihrer Widersprüchlichkeit einzigartig sein dürften. In seinem Buch «Le Cheval d'Orgueil» (Das Pferd des Stolzes) erinnert sich Pierre Jakez Hélias an die Zeit, als er als Knabe am Dreschen teilgenommen hatte. Am Abend zahlte die Bäuerin die Taglöhner aus und vergaß auch die Jungen nicht. Diese «steckten die paar Münzen unter schwachem Protest ein, wie es ihnen ihre Mütter eingeschärft hatten». Diese schämten sich zwar, daß ihre Kinder Geld annahmen, «waren aber wiederum stolz, daß die Arbeit ihres Sohnes oder ihrer Tochter als eines Lohnes wert empfunden wurde».

Der Bretone ist schnell einmal stolz auf seine Familie. Und er ist auch stolz auf sein Haus, seine Möbel, seinen Garten. Fremde sind oft von den schmucken, sauberen Häusern und ihrer komfortablen Einrichtung beeindruckt. «Worüber beklagt ihr euch?», fragen sie, ohne zu wissen, auf wie vieles verzichtet werden mußte, wie viele Wochenenden geopfert wurden, um dieses Erbe zu erhalten und zu pflegen. Ich kenne Familien, die sich aus lauter Angst, die den großen Gelegenheiten reservierten Präsentierräume abzunutzen, im Keller ein wohl behagliches, aber bescheidenes Wohnquartier eingerichtet haben.

Ihrer bisher geschilderten Widersprüchlichkeit entsprechend sind die Bretonen ebenso begabte Phantasten und Träumer wie nüchterne Realisten. Die alten Kelten begeisterten sich an Erzählungen über unwahrscheinliche Abenteuer, glühende Liebschaften, Reisen in Traumwelten. Denken wir nur an den Untergang der Stadt Is, die Fahrten des heiligen Brendan, an Tristan und Isolde, die Suche nach dem Gral. Die vom Epos «Ossian» des Schotten MacPherson eingeleitete Romantik war in diesen Breiten in mancher Hinsicht eine Rückkehr in — schwärmerisches — Keltentum. So ist es denn auch kein Zufall, daß der Vater der französischen Romantik, Chateaubriand, «überzeugter» Bretone war und Victor Hugo, der berühmteste Dichter dieser Schule, in Nantes geboren wurde. Die Renaissance einer bretonischen Literatur geht ebenfalls auf diese Zeit zurück, als ein kontinentales Gegenstück «Ossians», «Barzaz Breiz», veröffentlicht wurde.

Doch dicht neben sich für Kunst und Dichtung begeisternder Sensibilität und Phantasie wohnt im Bretonen ein ausgesprochener Realitätssinn, bei dem Vernunft, Klugheit und Besonnenheit das Handeln bestimmen. Wenn wir ein praktisches Problem zu lösen haben, lassen wir uns — getreu unserer bäuerlichen Herkunft — nicht drängen. «Es gibt den Rhythmus der Erde, dem sich die Bauern seit Jahrhunderten beugen … es ist der Rhythmus der Zeit selbst», schreibt Hélias. Die Kastilier, die uns in dieser Hinsicht — wie wohl alle Bauern — ähneln, würden sagen, man müsse «der Zeit Zeit lassen» («dar tiempo al tiempo»).

Der Bretone schätzt Konkretes und scheut Abstraktes. Und wenn das Bretonische das Verb als Ausdruck der Aktion dem Substantiv vorzieht, das nur zu oft den abstrakten Begriff bezeichnet, ist dies gleichzeitig auch Ausdruck einer ganzen Lebenshaltung.

Aus ähnlichen Gründen will der Bretone immer wissen, mit wem er es zu tun hat, von Mann zu Mann oder Mensch zu Mensch verhandeln. In unseren Landstädtchen sind die Werkstätten, Butiken und Läden kaum je durch Schilder gekennzeichnet. Man geht nicht in die Bäckerei, die oft auch noch Krämerladen, Metzgerei und Bistro ist, man geht zu Marijannig oder zu Tinn ar Gall, und niemand braucht eine Neonreklame, um sie zu finden. In diesem Zusammenhang erlebte ich einmal eine bezeichnende Geschichte: Ein Schriftenmaler hatte — zweifellos irrtümlicherweise — in der Abwesenheit des Hausbesitzers einen Reklametext auf den Giebel gemalt. Als der Besitzer zurückkam, fragte er den Maler, wer er sei. «Aber ich komme doch von der Agentur XY…», erwiderte dieser. «Das ist mir egal, ich will wissen, wie du heißt!» Es ist der Mensch, der bei uns zählt, und nicht der Firmenname.

In der Politik bleibt der Bretone einmal angenommenen Überzeugungen treu, obschon er an der Urne diesen völlig widersprechende Urteile abgeben wird, je nachdem, ob ihm die Kandidaten genehm sind oder nicht. Ich kenne Leute, die ohne Zögern einen kommunistischen Bürgermeister und einen gaullistischen Abgeordneten wählen. «Mit den beiden weiß man, woran man ist! Und wo sie zu finden sind, wenn man sie braucht!» Wir vertrauen eben eher Menschen als Ideologien und Parteiprogrammen. Ob's wohl so falsch ist?

Die Bretonen sind Opfer eines sich hartnäckig haltenden Vorurteils — sie sollen überaus abergläubisch sein. Das ist ein Mißverständnis. Wenn man die Häufigkeit des Aberglaubens in einer Region an der Zahl der Propheten, Magier, Zauberer und Wahrsagerinnen mißt, die dort ihr «Wesen» treiben, sind die Bretonen unendlich weniger abergläubisch als die Pariser, wie der Schriftsteller Yann Brekilien zu Recht feststellte.

Sie werden einwenden, die Bretagne sei doch das Land der Sagen «par excellence», und deren Helden seien doch immer übernatürliche Wesen — Riesen, Feen, Sirenen, Zwerge, Teufel, arme Seelen … Und es ist sicher wahr, daß früher, während der langen Winterabende, wenn der Wind im Kamin und ums Haus pfiff und heulte und der Älteste solche Geschichten erzählte, die ganze Familie wohlig erschauerte. Wenn man so Erschröckliches («traou spontus») vernommen, hätte sich keines der Kinder um nichts in der Welt — außer etwa, um einem dringenden Bedürfnis zu genügen — weiter als drei Schritte vor die Tür gewagt. Aber Kleine wie Große wußten die Dinge richtig einzuschätzen. Selbstverständlich gab es die Riesen nicht wirklich, ebensowenig wie die Feen und Sirenen. Und der Teufel in diesen bretonischen Märchen war nicht halb so schlimm. Das war nicht der, den der Pfarrer von seiner Kanzel herab so rabenschwarz beschrieb, um seinen Schäfchen rettende Angst einzujagen und sie von den Pfaden des Verderbens abzubringen. Der Teufel, von dem Großvater sprach, ließ sich immer von den Menschen übertölpeln. «Polig» — so sein Spottname — war im Grund ein guter und eigentlich sogar ein armer Teufel.

Hingegen fürchteten wir uns tatsächlich vor den Gespenstern und Nachtgeistern, die sich nach Belieben unsichtbar machen, wachsen oder schrumpfen und in die Gestalt der schrecklichsten Tiere schlüpfen konnten. Manch einer wurde Ohrenzeuge des fürchterlichen Schreis von «Yann an oad» (Jean de Rivage). Seinem mitternächtlichen «Juh-uuh-uuh» durfte man keinesfalls antworten; beim drittenmal hätte er einen unweigerlich ertränkt oder erwürgt.

Und wieso sollte man nicht an arme Seelen glauben, die ihren Verwandten und Freunden erschienen und aus ihren Fegefeuerqualen heraus um Gebete flehten? Hatte man nicht schon oft das gräßliche Knarren seines Karrens gehört, wenn «Ankou», der Tod, jemanden in der Nachbarschaft geholt hatte?

Auch heute noch wird Ihnen manch einer — wenn er Sie einmal gut genug kennt — gestehen, daß er Botschaften aus dem Jenseits erhalten hat, Ankündigungen, wie etwa in der folgenden Geschichte: Ein Bauer kehrt nach langer Abwesenheit in sein Dorf zurück; auf der Straße kommt ihm ein Trauerzug entgegen, in dem er vertraute Gesichter erkennt. Im Dorf fragt er, wer denn gestorben sei: Niemand! Doch vierzehn Tage später geht er selbst hinter dem Sarg eines Freundes her, dessen Beerdigung er vorausgesehen hat. An der Küste kündigt das «bag-noz», das Toten- oder Seelenschiff, den baldigen Tod an. Diese «intersignes» müssen nicht unbedingt Visionen sein, oft erscheinen sie als Schrei in der Nacht, als Kerzenrauch und so weiter.

Wer Ihnen solches anvertraut, ist nicht unbedingt besonders abergläubisch. Vielleicht hat er sich einfach ein Sensorium für Übernatürliches bewahrt, das die meisten längst verloren haben. Es gibt bekanntlich mehr zwischen Himmel und Erde, als wir uns träumen lassen, und das Eingeständnis unserer Unkenntnis ist die einzige wirklich wissenschaftliche Haltung.

Wenn schon von einer typischen Eigenschaft der Bretonen gesprochen werden kann, dann ist es eher ihr Glaube als ihr Aberglaube. Und gläubig sind sie auf ihre eigene Weise, die oft nicht gerade orthodox ist.

Besucher sind immer wieder beeindruckt, wie wichtig die Heiligenverehrung in der Bretagne ist. Heilige gibt es hier viele: siebenmal tausend, siebenmal hundert, siebenmal siebenundzwanzig — je nachdem, wie Sie zählen! Und jeder hat seine Spezialität: Der eine heilt Zahnschmerzen, der andere Bauchgrimmen. Wenn einer Ihrer Nächsten schwer krank ist, rufen Sie den heiligen Diboan an, der auch Tupedu genannt wird — er wird ihn heilen oder in die bessere Welt schicken. Aber jedenfalls wird die Lösung nicht lange auf sich warten lassen.

Wenn Sie schönes Wetter fürs geplante Familienfest brauchen, wenden Sie sich an den Kleinen Schwarzen Heiligen («Santig du»). Und auch Sant Erwann, der heilige Ivo (dieser Schutzheilige der Juristen wurde am 17. Oktober 1253 im bretonischen Kermartin geboren), wird Ihnen manchen Gefallen erweisen können. In einem kleinen Beinhaus in Trédarzec steht eine Statue des «heiligen Ivo von der Wahrheit». Wem ein Unrecht geschehen war, konnte dort die Geschicke seines Widersachers dem Heiligen anvertrauen. Tod oder schwere Krankheit ließen nicht auf sich warten: sei's nun wegen der Kraft des Fluchs oder weil der Schuldige erfahren hatte, daß ein so mächtiger Heiliger das Recht in seine Hände genommen hatte. Aber wehe dem, der so eine ungerechte Sache durchzufechten hoffte … ihm drohte selbst der Tod!

1879 ließ der Klerus, dem diese Art der Rechtsprechung als zu heidnisch und roh mißfiel, das Beinhaus abreißen. Doch der Pfarrer versuchte vergeblich, die Statue zu verbergen, jedes seiner Verstecke wurde entdeckt. Nicht genug damit — als mit den Steinen des Beinhauses auf einer Insel ein Haus gebaut worden war, pilgerten Ivos Anhänger mit Kähnen zu dem heiligen Gemäuer, wo sie vor ihren geistlichen Verfolgern sicher waren.

Bretonische Heilige können sich hilfsbereit zeigen, aber sie stellen Ansprüche: So muß ein Cornouaillaner, der nicht wenigstens einmal in seinem Leben an der «Grande Troménie» genannten Wallfahrt des heiligen Ronan — sie findet alle sechs Jahre statt — teilgenommen hat, dies nach seinem Tod nachholen. Und alle sechs Jahre kommt er nur gerade um eine Sarglänge voran!

Entgegen einer geradezu sprichwörtlich gewordenen Redewendung wendet sich der Bretone lieber an die Heiligen als an den lieben Gott persönlich. Scheinen sie ihm näher? Oder ist es nicht vielleicht eher, weil sie die Nachfolger keltischer Götter sind? Der in Carnac verehrte gehörnte Kernunos wurde durch Cornelius, den Schutzheiligen des Hornviehs, ersetzt; der Verehrung der Göttin Brigit folgte jene der Heiligen gleichen Namens; die Göttin Anna — in Irland und vielleicht auch in der Bretagne die Göttermutter — bereitete den Boden für die heilige Anna vor, unsere wichtigste

Schutzpatronin. Der keltische Pantheon ist nicht eigentlich verschwunden, er wurde einfach christianisiert.

Es muß allerdings gesagt werden, daß die Heiligenverehrung trotz der Lebendigkeit mancher Prozessionen und Wallfahrten an Bedeutung verloren hat. Die bretonischen Geistlichen bemühen sich besonders seit dem Zweiten Vatikanischen Konzil, die Gläubigen auf den Weg eines echteren Christentums zurückzubringen, das von Idolatrie und «Folklore» gereinigt ist. Ob man aber dabei nicht Gefahr läuft, sozusagen den Teufel mit dem Beelzebub auszutreiben? Ohne die Notwendigkeit gewisser Veränderungen leugnen zu wollen, gibt es nicht doch — wie eine peruanische oder philippinische — auch eine besondere bretonische Art, Christ zu sein?

Nichtpraktizierende Bretonen — heute die Mehrheit — sind selten erklärte Atheisten. Ja man kann bei den meisten nicht einmal von Gleichgültigkeit sprechen. Viele nehmen an, daß es «da über ihnen etwas gibt», ziehen es aber vor, «ihre eigene Religion zu haben». Und mehrmals jährlich stoßen sie zu den praktizierenden Christen: bei gewissen Wallfahrten und besonders an Allerheiligen oder bei Begräbnissen. An diesen Tagen platzen die Kirchen aus allen Nähten, als sei der jahrtausendealte Totenkult in der Bretagne eben doch noch immer viel tiefer verwurzelt als das seit fünfzehn oder sechzehn Jahrhunderten hier heimische Christentum.

Neben den vielen eifrigen Christen — und kaum ein Land hat der Kirche so viele Missionare gestellt — finden sich bei uns aber auch viele Konfessionslose, denen ihre Partei, ihre Gewerkschaft, ihr Verband eine Art Kirche ist, der sie mit aller Kraft dienen. Sie sind Mystiker auf ihre Weise — mit einer laizistischen Mythologie: ihrem eigenen Pantheon großer Männer, Heiliger und Märtyrer, Ketzer und Abtrünniger.

In manchen bretonischen Dörfern ist die Bevölkerung noch heute in zwei Parteien geteilt: die Weißen und die Roten. Theoretisch sind die ersteren klerikal und konservativ gesinnt, die zweiten Pfaffenfresser und fortschrittlich. Doch glücklicherweise beginnen sich die Gegensätze zu verwischen. Die Kirche mischt sich nicht mehr so stark in die Politik ein, und umgekehrt haben manche Laizisten ihren Frieden mit Rom gemacht. Es gibt Rote, die sich bei Gelegenheit als leidenschaftliche Verteidiger des Eigentums erweisen — besonders des eigenen; und Weiße träumen von einer klassenlosen Gesellschaft —, ohne erst von den Umweltschützern und den militanten Bretonen (es sind oft dieselben) zu sprechen, die das Spiel weiter verwirren.

Verändert sich die Bretagne heute? Bestimmt, aber nicht gerade so, wie man es erwarten würde. Die rasche Verstädterung seit dem Zweiten Weltkrieg hat fraglos den Niedergang der hergebrachten ländlichen Gesellschaft bewirkt. Doch heute, da bestimmte traditionelle kulturelle Werte zu verschwinden drohen, beginnt die bretonische Jugend zu reagieren, interessiert sich mehr und mehr für die eigene Sprache und Geschichte und beansprucht für sich und ihr Land das «Recht auf Andersartigkeit».

Bretonisch — Sprache der Vorzeit

«Heb brezoneg, Breiz ebet»: Ohne das Bretonische keine Bretagne! Eine der besten Möglichkeiten zum Verständnis bretonischer Eigenart ist, unsere Sprache zu lernen. Jede Sprache ist ja viel mehr als ein Verständigungsmittel, sie ist immer zugleich auch Interpretation der Welt. Man denkt selbstverständlich auf bretonisch anders als auf französisch oder deutsch.

Die zum alten Stamm des Indoeuropäischen gehörenden keltischen Sprachen verzweigten sich früh ins Gälische und ins Britische. Gälisch wird heute in gewissen Regionen Nordschottlands und im Westen Irlands gesprochen (dort ist es als Irish Amtssprache). Das keltische Britisch gliedert sich in Kymrisch oder Welsch (Walisisch) in Wales, Kornisch in Cornwall und eben Bretonisch in der Niederbretagne. Kornisch erlebt heute — nachdem es 1777 offiziell mit der hundertjährigen Dolly Pentraeth zu Grabe getragen worden war — seine Wiederauferstehung.

Bis ungefähr ins 12. Jahrhundert konnte man sich in den drei britischen Sprachzweigen einwandfrei gegenseitig unterhalten; die drei Regionen besaßen eine gemeinsame Literatur, und die Unterschiede entsprachen jenen von Dialekten anderer Sprachen. Seither haben sie sich mehr und mehr voneinander wegentwickelt, doch ist nach wie vor eine wenn auch schwierige Verständigung in Kornisch, Welsch und Bretonisch möglich. Viele alltägliche Ausdrücke, die Zahlen und die Wochentage sind praktisch identisch geblieben. Ein Ire hingegen kann sich weder einem Bretonen noch einem anderen Angehörigen des britischen Zweigs verständlich machen.

Das Bretonische wiederum ist in der Theorie in vier Dialekte gegliedert, die den vier alten westbretonischen Bistümern entsprechen: Trégor, Léon, Kerné (Cornouaille), Gwened (Pays de Vannes). Professor François Falc'hun allerdings hat diese Einteilung als «linguistische Fiktion» widerlegt. So zeigt etwa das Cornouaille eine außergewöhnliche Vielfalt, und die Grenzen phonetischer oder semantischer Formen fallen selten mit jenen der Bistümer zusammen. Falc'hun unterscheidet nur zwei grundlegende Dialekte, die sich nach der Einwanderung der Bretonen im 5. und 6. Jahrhundert ausbildeten: das dem Walisischen engverwandte Westbretonisch und das stark vom gallischen Sprachgut beeinflußte Bretonisch des Südwestens. Später habe sich dann um den bedeutenden Knotenpunkt Carhaix ein zwischen diesen beiden vermittelnder Dialekt herausgebildet, dessen Erben die Sprechweisen von Trégor und Cornouaille seien.

Manchmal wird behauptet, es gäbe «mehrere Bretonisch». Dies trifft nicht zu, denn ein Bretone aus Quimper oder Guingamp versteht einen Leonarder ohne weiteres, ebenso wie — nach einer kurzen Gewöhnung an den Dialekt des Pays de Vannes — einen Einwohner von Carnac. Immer vorausgesetzt natürlich, daß diese Bretonen überhaupt noch ihre Muttersprache beherrschen.

Zwischen dem phonologischen Aufbau des Bretonischen und des Französischen bestehen gewisse Gemeinsamkeiten, die sich vielleicht durch das gallische Erbe des letzteren erklären lassen. Beide besitzen ungefähr dieselben oralen und nasalen Vokale; bei den Konsonanten fällt beim Bretonischen vor allem der im Hintergaumen erzeugte Reibelaut *c'h* auf, der ungefähr wie das deutsche *ch* in «nach» oder die spanische Jota in «Jiménez» ausgesprochen wird.

Im Unterschied zum Französischen kennt das Bretonische eine ausgeprägte Lautmodulation beziehungsweise Tonlage. Im allgemeinen werden die Wörter — außer im Vannischen — auf der zweitletzten Silbe betont: zum Beispiel «Nedéleg» (Weihnachten). Einsilbige Substantive wie «mor» (Meer), «men» (Stein) werden im Satzgefüge ziemlich stark betont.

Man leistet sich heute den Luxus mehrerer miteinander rivalisierender Rechtschreibweisen, deren älteste auf das Jahr 1821 zurückgeht. Seien Sie deshalb nicht erstaunt, wenn Sie «Breiz» und «Breizh» für Bretagne oder «ar hemener» und «ar c'hemener» für Schneider antreffen. Die Orthographie ist insofern eher nebensächlich, als sie ein mehr oder weniger getreues Abbild der Aussprache ist.

Eine der Merkwürdigkeiten und zugleich der hauptsächlichen Schwierigkeiten des Bretonischen sind die Beugungen oder Abwandlungen, die Substantive je nach Geschlecht, Zahl, Possessivpronomen oder deren Bezug erfahren. So heißt «mein Vater» «va zad», «dein Vater» aber «da dad» und «unser Vater» «hon tad»; schlicht «Schneider» lautet «kemener» aber «der Schneider» «ar hemener» und «die Schneiderin» «ar gemenerez»; «e vam» bedeutet «seine Mutter», «he mam» «ihre (Einzahl) Mutter». Natürlich beherrschen die mit ihrer Muttersprache Aufgewachsenen diese Variationen problemlos, selbst wenn sie weder lesen noch schreiben können; das Studium des Bretonischen hingegen verlangt einige Hartnäckigkeit.

Eine andere Schwierigkeit sind die verschiedenen Endungen in der Mehrzahl. Im allgemeinen wird zum Beispiel der Plural von Volksnamen mit dem Suffix *-ed* gebildet («Breton», «Bretoned»), Berufsbezeichnungen mit *-ien* («studier» und «studierien» für Student), Dinge mit *-ou* oder *-iou* («taol» und «taoliou» für Tisch). Daneben existieren noch einige seltenere Endungen, ohne überhaupt von den Mehrzahlbildungen durch Lautverschiebung im Wortstamm zu sprechen.

Bei paarigen Gegenständen bleibt der Name in der Einzahl: «Auge» heißt «lagad», «die Augen» muß mit «an daoulagad», wörtlich: «die beiden Auge», umschrieben werden. Nach einem Zahlwort folgt übrigens immer die Einzahlform, da ja der Plural durch jenes bereits gekennzeichnet ist.

Noch eine Merkwürdigkeit des Bretonischen ist der «Singulativ», eine von einem Sammelbegriff abgeleitete Einzahl: So bedeutet «gwez» «Bäume», «der Baum» heißt «eur wezenn».

Grundlage des Zahlensystems ist nicht die Zehner-, sondern die Zwanzigereinteilung: «Vierzig» heißt «daou ugent» (zweimal zwanzig), «sechzig» «tri ugent» (dreimal zwanzig) und so weiter. Dies zweifellos, weil unsere unbeschuhten Vorfahren in grauer Vorzeit mit allen zwanzig Fingern zählen lernten.

Abgesehen von solchen Schwierigkeiten ist jedoch das Bretonische wieder einfach. Die Konjugation ist leicht, es gibt nur wenige Zeitformen und nur vier wirklich unregelmäßige Verben. Außerordentlich ist dafür die freie Syntax. Je nach der veränderten Reihenfolge der Wörter und Satzteile kann man die eine oder andere Partie hervorheben und ihr so die gewünschte Bedeutung verleihen. Gewisse französische Sätze können so sieben oder acht verschiedene Übersetzungen erfahren.

Obwohl das Bretonische seine alten keltischen Wurzeln bewahren konnte, hat es viele Begriffe aus dem Lateinischen, dann aus dem Gallo, einem romanischen Dialekt der Ostbretagne, und schließlich aus dem Französischen übernommen. Die meisten dieser Wörter wurden jedoch so stark dem eigenen phonologischen System angepaßt, daß sie kaum mehr als Lehnwörter auffallen. «Gwetur», «siminal» und «mouez» beispielsweise stammen von den französischen Begriffen «voiture», «cheminée» und «voix» (Wagen, Kamin, Stimme) ab. Die Eigenständigkeit einer Sprache hängt viel mehr von ihrem inneren Aufbau, von phonologischer und syntaktischer Struktur als von ihren Wurzeln ab, was auch immer Puristen behaupten mögen. Es ist ganz normal, wenn sie sich von fremden Begriffen «nährt», sofern sie sie in ihr eigenes Gefüge einzubauen, sie zu «verdauen» weiß. Denn nur so kann sie überleben und sich entwickeln.

Für neuzeitliche Dinge griff das Bretonische übrigens nicht auf fremdes Sprachgut zurück, sondern prägte geradezu poetische eigene Begriffe: Flugzeug heißt «karr-nij» (Wagen, der fliegt) und Fahrrad «marc'h-houarn» (eisernes Pferd).

Beeindruckend ist die konkrete Aussagekraft bretonischer Wörter oder Begriffe. So wurde der «ressuscité» (der Wiederauferstandene) im Umgangsbretonisch zwar zum «resusitet», die korrekte Übertragung ist jedoch «savet a varo da veo», wörtlich: «vom Tod zum Leben zurückgekommen».

Einige bretonische Redewendungen enthalten verkürzt ein ganzes Menschen- und Weltverständnis. Die so banale Frage «Wie geht es Ihnen?» wird zu «Mond a ra mad ar bed ganeoc'h?», wörtlich etwa «Geht gut die Welt mit Ihnen?» — oder übertragen: «Sind Sie im Einklang mit der Welt?»

Und von dieser Harmonie hängt schließlich unser Glück ab. Also, wollen Sie glücklich werden, lernen Sie Bretonisch!

Wenn auch das Bretonische unbestrittenermaßen eine keltische Sprache ist, wäre es dennoch voreilig, daraus zu schließen, daß die Bretonen direkt und einzig von den Kelten abstammten. Wie die anderen Völker Westeuropas ist auch das unsere aus den verschiedensten Rassen entstanden: Einige bewohnten diesen Boden schon in vorgeschichtlicher Zeit und wurden erst sehr spät von den Kelten assimiliert.

Während der letzten Eiszeit scheint die armorikanische Halbinsel nur dünn besiedelt gewesen zu sein, da sie wohl zum größten Teil vom Eis bedeckt war. Zwischen dem 5. und 4. Jahrtausend v. Chr. lebte eine etwas zahlreichere Bevölkerung an unseren Küsten, die sich von Muscheln, Fischfang und Jagd ernährte. Feuerstein- und Knochenwerkzeuge zeugen von dieser altsteinzeitlichen Jäger- und Sammlergesellschaft ebenso wie Muschelschmuck und Anzeichen eines Totenkults.

Um 3800 v. Chr. finden sich in dieser Region die ersten Anzeichen jungsteinzeitlicher Viehzucht und bald einmal des Ackerbaus. Die aufblühende Kultur hinterließ in ganz Westeuropa ihre Spuren. Alles weist darauf hin, daß zwischen Armorika und den Britischen Inseln, Spanien und sogar der Mittelmeerwelt rege Beziehungen bestanden. Die Bretagne wurde jedenfalls eines der wichtigsten Zentren der sogenannten Megalithkultur, die in diesen Breiten von etwa 3800 bis 1500 v. Chr. vorherrschte. Da in kaum einer anderen Region so viele der gewaltigen steinernen Zeugen dieser Epoche erhalten blieben, erhielten diese für den ganzen Kulturkreis mehr oder weniger authentische bretonische Namen.

Der Dolmen beispielsweise ist eine Art Steintisch. Er umschließt im allgemeinen eine kreisförmige Grabkammer, zu der hinab ein gedeckter und von großen Steinplatten gesäumter Gang führt. Der Eingang ist häufig gegen Osten gerichtet — man mag deshalb darin einen Hinweis auf einen Auferstehungsglauben sehen. Ganggräber und Dolmen sind oft von «Kairn» genannten riesigen Steinhaufen bedeckt. Derjenige von Plouezoc'h nördlich von Morlaix erreicht eine Höhe von 8 Metern, ist 25 Meter breit und 70 lang; er besitzt nicht weniger als elf sogenannte Galeriegräber. Unter manchen Dolmen finden sich sonderbare Idole, so unter der «Table des Marchands» (dem Tisch der Händler) in Locmariaquer, eine abstrakte Form, die an ein hohes romanisches Doppelfenster erinnert — sie wird als Symbol einer Muttergöttin interpretiert, die sowohl Fruchtbarkeitsidol wie Herrin über Leben und Tod war.

Während die Gang- und Galeriegräber ebenso wie die Dolmen eindeutig Grabmäler waren, die manchmal Attribute eines Heiligtums oder primitiven Tempels zeigen, ist der Zweck der Menhire — aufgerichteter kegel- oder plattenförmig zubehauener «Hünensteine» — nach wie vor rätselhaft. Sie stehen manchmal völlig allein mitten in der Heide oder bilden riesige Formatio-

nen wie in Carnac, wo sie sich über Kilometer hinziehen. Manchenorts zählt man nicht weniger als elf Menhirreihen, und an den Enden der Menhirgruppe auf dem Ménez-Hom findet sich ein Halbkreis aneinanderstoßender Steine. «Die Anordnung», schreibt der Archäologe Pierre Roland Giot, «erinnert an eine Kathedrale, deren riesiges, dem Himmel geöffnetes Schiff die Gläubigen auf den eigentlichen Tempel hinführt.»

Man hat oft darauf aufmerksam gemacht, daß diese Menhirformationen auf ganz bestimmte Richtungen orientiert waren — etwa auf den Sonnenaufgang an einem bestimmten Tag des Jahres —, und deutete sie deshalb als gewaltige Kalender für die damaligen Akkerbauern. Andere wieder betonen das phallische Element und glauben an einen entsprechenden Kult; sie stützen sich darauf, daß manche dieser Stelen noch heute als fruchtbarkeitsversprechend verehrt werden. So finden sich in der Bretagne ebenso wie in Galizien schrägstehende Hünensteine, auf denen heiratslustige Jungfrauen oder kinderlose Gattinnen zwecks Erfüllung ihrer Wünsche hinunterrutschen müssen. Könnten uns solche Bräuche — die sich immerhin bis in unsere sogenannt rationale Zeit gehalten haben — den Zweck dieser Monumente nicht wenigstens teilweise verstehen lassen? Oder die Legenden von Versteinerungen: Ein Kinderlied in Carnac erinnert an das Geschick des heiligen Cornelius, eines der ersten Päpste, der von römischen Legionären verfolgt wurde. In dem Augenblick, als sie Hand an ihn legen wollten, drehte er sich um und verwandelte sie in Stein. Deshalb sind die Menhire so exakt ausgerichtet wie eine römische Legion. Man mag das Lied mit einem Achselzucken abtun. Aber wer weiß, ob sich in der naiven Überlieferung nicht uraltes Glaubensgut erhalten hat. Vielleicht waren die Ersteller der Menhire überzeugt, daß diese den Verstorbenen nach einer Zeit des Umherirrens als Heimstatt dienen würden.

Die Menhire bewahren jedoch ihre Geheimnisse so gut, daß man mit vorschnellen Schlüssen zurückhaltend sein sollte — Träumen ist erlaubt! Die hier angetönten Hypothesen — es sind beileibe nicht die einzigen — widersprechen sich nicht notwendigerweise. Die Menhirreihen können sowohl religiösen wie astronomischen Zwecken und Fruchtbarkeits- wie Ahnenkulten gegolten haben ... das Leben geht dem Tod voran.

Wir sollten uns übrigens von den nur roh zubehauenen und oft stark verwitterten Überresten der Megalithkultur nicht irreführen lassen: sie sind Zeugnisse einer hochentwickelten Zivilisation. Einen Menhir wie denjenigen von Locmariaquer — der heute in fünf Stücke zerbrochen ist — zu verschieben, muß für vorgeschichtliche Baumeister nicht leicht gewesen sein. Immerhin war er über zwanzig Meter hoch und wog rund 350 Tonnen. Ohne eine durchorganisierte Gesellschaftsstruktur mit hierarchischer Gliederung, geführt von einer starken Priesterschicht, wären das Zuhauen und Aufrichten der Steine — bei dem Hunderte von Helfern benötigt wurden — kaum möglich gewesen.

Und die Ausschmückung mancher dieser Hünengräber — wie etwa desjenigen von Gavrinis auf einer Insel im Golf von Morbihan — verrät einen hochentwickelten Kunstsinn. Andeutungen stark stilisierter menschlicher Silhouetten erinnern ebensosehr an abstrakte Zeichnungen wie an gewisse Stickereimotive der Bigoudener Trachten. Oder man denke an die Funde wie polierte Steinäxte, Pfeilspitzensortimente, Töpfereien aller Art bis hin zu Räuchergefäßen.

Jahrhundert fortsetzen sollte. Zu dieser Zeit beherrschten sie die Hälfte Europas, ohne allerdings je ein auch nur halbwegs geeinigtes Reich zu bilden. Dominierendes Merkmal der keltischen Expansion war — viel eher als die Eroberungszüge, die sich sicherlich in einem beschränkten Rahmen hielten — die allgemeine Verbreitung neuer Techniken in Handwerk und Landwirtschaft, einer neuen Sprache, Kunst und Religion.

In der Armorika führten die Kelten — übrigens sehr

Menhire in Carnac.

Um 1800 v. Chr. tritt die armorikanische Halbinsel ins Bronzezeitalter ein. Diese Legierung aus Kupfer, Zinn und Blei revolutionierte die Herstellung von Waffen, Werkzeugen und Schmuck. Davon zeugen heute noch Hacken, Dolche, Schwerter, Halsketten und Armbänder ebenso wie reich mit geometrischen Motiven verzierte Beinreifen. Manche dieser Gegenstände fanden sich in den Hügelgräbern dieser Epoche, andere in Verstecken, die vermuten lassen, daß das Land damals mehrere Invasionen erlebte. Doch nichts deutet darauf hin, daß diese das ethnische Gefüge einschneidend verändert hätten.

Die ersten Kelten, die gegen das Jahr 1000 v. Chr. in die Bretagne vorstießen, sind für die Archäologen eine Enttäuschung. Sie hatten die schlechte Angewohnheit, ihre Toten einzuäschern. Die zweite Welle drang im 6. Jahrhundert v. Chr. aus Mitteleuropa gegen Westen vor. Sie markiert den Beginn der großen keltischen Völkerwanderung, die sich bis ins zweite vorchristliche

spät — das Eisen ein, sie förderten die Viehzucht und brachten neue «Landmaschinen»: Rad und Karren, Egge, Sichel und Sense. Der Bergbau entwickelte sich ebenso wie die Metallverarbeitung; Tuchherstellung, Sattlerei und Bootsbau erlebten einen bemerkenswerten Aufschwung.

Die keltische Kunst, deren Originalität und Bedeutung erst seit wenigen Jahren wieder richtig eingeschätzt wird, manifestiert sich in der Töpferei, in sorgfältig behauenen Stelen und in den Bildnissen auf ersten Münzen. Diese zeigen menschliche Gesichter, Pferde, Wagen in stark stilisierter Form. Die keltische Kunst scheint gar nie versucht zu haben, die Natur nachzuahmen, sondern nimmt im Gegenteil manche Stilmerkmale der abstrakten Kunst vorweg.

Ein großer Teil der armorikanischen Bevölkerung wohnt in dieser Zeit in befestigten Dörfern, die auf Hügeln oder Klippen über dem Meer thronen. Die Häuser sind klein, rechteckig, mit Stroh gedeckt. Ähn-

Fortsetzung Seite 181

149

Die Taufe des Mont-Saint-Michel

Der Teufel wurde eifersüchtig, als er sah, wie auf dem Mont-Saint-Michel die prachtvolle Abtei errichtet wurde, die man zu Recht als «Wunder des Westens» betrachtet. Er behauptete nun, der Berg sei sein Eigentum, und die sich dort erhebenden Bauten müßten kraft der Gesetze ihm gehören. Der Erzengel Michael war da anderer Meinung.

Die Diskussion lief darauf hinaus zu wissen, welcher der beiden den Berg taufen würde. Da sie sich darüber nicht einig werden konnten, beschlossen sie eine Machtprobe. Sie kamen überein, daß derjenige zum Sieger erklärt werden und dem Berg den Namen geben sollte, welcher den größeren Sprung täte. Beide schnellten empor. Der Teufel fiel in den Couësnon, den Fluß, der die Normandie von der Bretagne trennt und dessen Wasser sich im Treibsand verlieren. Der Erzengel Michael landete mit Hilfe seiner großen Flügel ruhig auf dem Mont Dol, dessen Pyramide wie ein Grabhügel mitten aus der Ebene ragt.

Man sieht noch auf einem Fels nahe der Kirche den Fußabdruck des Engels und die Krallenspur des Satans.

Legende

Legenden zu den Bildern 71 bis 110

71   Die Promenade von Etretat.

72, 73   Strandhäuser in Saint-Valery-en-Caux, einem kleinen Seebad zwischen Fécamp und Dieppe.

74   Nobles Bürgerhaus am Strand von Villerville.

75   Historistisches Sommerhaus in Deauville, dem traditionsreichen Luxusbad.

76   Blick von der Falaise auf die Schieferdächer von Tréport.

77   Konfiserie in Bayeux, Niedernormandie.

78, 79   Im Gestüt von Pin, einem der renommiertesten Frankreichs, im Pays d'Argentan.

80   Alter Citroën in Limetz-Villez an der Epte.

81   Das Schloß von Carrouges, nordwestlich von Alençon, stammt aus dem 16. Jahrhundert und war bis 1936 in Familienbesitz.

82   Faß mit Cidre, dem normannischen Apfelwein.

83   Bauer in Camembert. Der Ort ist unbedeutend, sein Käse weltberühmt; er wird natürlich im ganzen Pays d'Auge produziert.

84   Ruine eines Seitenschiffs der geschichtsträchtigen Benediktinerabtei von Jumièges (13. Jahrhundert).

85   Das Château d'O aus dem 15. Jahrhundert im Süden der Normandie, die ein überaus reiches Aristokratenerbe besitzt.

86   Das bezaubernde Wasserschloß von Saint-Germain-de-Livet, südlich von Lisieux, stammt hauptsächlich aus dem 16., der Fachwerkanbau aus dem 15. Jahrhundert.

87   Normannische Parklandschaft an der Orne.

88   Die Alabasterküste bei Yport.

89   Mächtige Kreidebänke am Cap d'Antifer.

90   Die Kapelle Saint-Aubert am Fuß des Mont-Saint-Michel.

91   Pappelreihen an der Seine.

92   Die Falaise d'Aval bei Etretat. « Elefantenrüssel » nennt man den das Tor bildenden Kreidepfeiler.

93   Die Manneporte von Etretat — unter der Wucht der Brandung abbröckelnder Fels.

94   Der Mont-Saint-Michel bei Ebbe.

95   Nochmals die Kapelle Saint-Aubert am Mont-Saint-Michel.

96   Blick auf die Seine und den Hafen von Rouen.

97   Rouen, normannische Herzogstadt und Kunstmetropole, mit (von links) der Kathedrale Notre-Dame, Saint-Ouen, Saint-Maclou.

98   Die Abteikirche Saint-Ouen in Rouen — ein gotisches Meisterwerk des 13. Jahrhunderts.

99   Die Abbaye aux Hommes in Caen in normannischer Spätromanik (11. Jahrhundert).

100   Vierung der Kathedrale von Coutances, welche die Reste einer romanischen Kirche mit eleganter Gotik verbindet.

101   Pfingstprozession im Kreuzgang der ehrwürdigen Benediktinerabtei Saint-Wandrille. Ihre Wurzeln reichen bis ins 7. Jahrhundert zurück.

102   Die Mönche von Saint-Wandrille im Speisesaal.

103   Café, Épicerie, Tabakladen und Wohnung in einem — normannische Provinz.

104 bis 106   « Gesellschaft » am Grand Prix von Deauville.

107   Manoir in der Nähe von Saint-Pierre-sur-Dives im Departement Calvados.

108   Schloß Vascœuil im Departement Eure (14. bis 16. Jahrhundert).

109   Château Gaillard über der Seine bei Andelys — Trutzburg von Richard Löwenherz und Zankapfel zwischen Franzosen und Engländern.

110   In den Kliffs von Etretat.

Normannisches
Mosaik

3822 PE 78

liche Siedlungen wurden in Galizien und in Südengland freigelegt; Regionen also, die ungefähr zur gleichen Zeit unter keltische Herrschaft gerieten.

Eines der auffallendsten Merkmale der keltischen Religion ist das Fehlen von Heiligtümern und Götterbildern. Nach der Überlieferung soll der keltische Häuptling Brennos, als er 281 v. Chr. Delphi eingenommen hatte, vor den Statuen der griechischen Götter im Tempel in schallendes Gelächter ausgebrochen sein. Seine Verblüffung wird begreiflich, wenn man weiß, daß die Kelten ihre Götter in Gestalt der Natur, in Waldlichtungen, bei heiligen Quellen und im Schatten heiliger Bäume ansiedelten und verehrten.

Sie glaubten fest an ein Weiterleben der Seele und an eine Wiedergeburt. So fest, daß sie sogar Geld mit Fälligkeitsterminen im nächsten Leben ausborgten. Die Armorikaner galten bei den anderen Völkern der Antike als Fährleute der Seelen, die sie zur Insel des ewigen Frühlings, zur «Erde der Jungen» brachten, wo man weder Altern noch Schmerz noch Tod kannte. Möglicherweise geht diese Überlieferung im Land des Totenkults sogar auf vorkeltische Zeiten zurück.

Die Stellung der Druiden stellt uns vor ähnliche Probleme. Auch sie existierten möglicherweise bereits in der Zeit vor der Kelteninvasion, vielleicht schon während der jungsteinzeitlichen Megalithkultur. Priester, Weise, Gelehrte, Philosophen, Lehrer und Richter in einem, genossen die Druiden ein unermeßliches Ansehen, das oft jenes der Stammesführer und Könige übertraf. Man munkelte, daß sie die Elemente nach Belieben lenken und Stürme hervorrufen könnten. Ihr Urteil in Schiedssprüchen war endgültig. Aus Angst, daß ihre Kunst abgenutzt oder kompromittiert würde, gaben sie ihr Wissen ihren Schülern nur mündlich weiter — und so haben sie denn ihre gefährlichsten Geheimnisse ins keltische Paradies mitgenommen.

Im 1. Jahrhundert v. Chr. war die armorikanische Halbinsel in fünf Territorien unterteilt. Nördlich der Loire hatten die Namneten ihren Hauptsitz in Condevisum (Nantes); die Redoner mit ihrer Hauptstadt Condate (Rennes) hatten den Nordosten besetzt; die Coriosoliten — mit dem Hauptort Corseul — wohnten im Gebiet zwischen der Rance und dem Gouët; die Osismii, deren Hauptstadt Vorganium (Carhaix) war, beherrschten den ganzen Westen, und die Veneter hatten an der Südküste in Darioritum (Vannes) ihre mächtigste Siedlung. Dank ihrer umfangreichen Flotte kontrollierten sie den ganzen Handel zwischen den Britischen Inseln und Gallien.

Diese Vormachtstellung mußte die Aufmerksamkeit Cäsars — der 58 v. Chr. den als Gallischer Krieg in die Geschichte eingegangenen Feldzug begonnen hatte — erregen, als er gegen die armorikanische Halbinsel vordrang. 56 v. Chr. stieß die 220 Schiffe starke Flotte der Veneter im Golf von Morbihan auf die kleinen römischen Galeeren. Zu Anfang war der Ausgang der Seeschlacht keineswegs entschieden, doch als der Wind fiel, waren die schwerfälligen venetischen Segler verlo-

ren. Die Römer zerschnitten ihnen mit langen Sicheln die Takelage und konnten dann die hilflos treibenden Schiffe eines nach dem anderen entern.

Als abschreckendes Exempel nach seinem vollständigen Sieg ließ Cäsar die «Senatoren» von Vannes hinrichten, während die Bevölkerung in die Sklaverei verschleppt wurde. Einigen Venetern gelang allerdings die Flucht nach Britannien — auch dieser Umstand belegt die engen Verbindungen der beiden Regionen in jener Zeit. Die anderen armorikanischen Völker leisteten den römischen Legionen noch bis ins Jahr 51 hartnäckigen Widerstand. (Und ein Dorf, das wir gut kennen, setzt den Kampf in einer weltweit verbreiteten Comic-Serie bis heute fort — zum größeren Ruhm der Bretagne, an dem auch die Franzosen teilhaben dürfen.)

Unter der römischen Herrschaft blühten die Städte auf, insbesondere Nantes, das sich zu einem bedeutenden Handelszentrum entwickelte. Wie in all ihren Provinzen bauten die Römer Tempel und Theater. Eine ihrer spektakulärsten Konstruktionen in der Bretagne ist der über dreißig Kilometer lange Aquädukt von Vorganium. Beim Ausbau der Straßen folgten die Römer häufig den alten Verkehrswegen der Gallier. Nach dem Historiker Louis Pape sollte das römische Netz bis zu den großen Neuerungen unter dem Herzog von Aiguillon im 18. Jahrhundert die Grundlage der Verbindungen bleiben.

Die Ausbeutung von Salinen, die Produktion von Stockfisch und Garum, einer Fischtunke, die bis nach Rom und in die anderen großen Zentren des Reichs exportiert wurde, bildeten die wichtigsten Wirtschaftszweige. Eisenerz-, Zinn- und silberhaltige Bleivorkommen wurden abgebaut. Aquilonia, das heutige Locmaria südlich von Quimper, stellte besondere Töpferwaren her — noch heute ist das Städtchen Zentrum der bretonischen Porzellanindustrie.

Einiges weist darauf hin, daß die Region vom 3. Jahrhundert an eine Zeit der Unsicherheit und des Niedergangs erlebte. Sächsische und irische Seeräuber fielen mehrmals zu Plünderzügen ein. Die zuvor offenen und ständig wachsenden Städte zogen sich hinter sichere Mauern zurück. Schätze wurden vergraben, und einige Bauwerke aus dieser Zeit des spätrömischen Reichs zeigen Spuren von Brandkatastrophen. Viel ist jedoch über diese Epoche nicht bekannt.

Eine der ungelösten Fragen ist der Zeitpunkt der Christianisierung. Das älteste überlieferte Datum ist das Martyrium der beiden Nanteser Brüder Donatien und Rogatien um das Jahr 250. Aber obwohl anscheinend jede größere Stadt zu Ende des Römischen Reichs einen Bischof hatte, dürfte die Bevölkerung der westlichen Bretagne kaum vor der Ankunft der Bretonen bekehrt worden sein.

Man glaubte lange Zeit, die armorikanische Halbinsel sei während der römischen Herrschaft vollständig romanisiert und erst mit der bretonischen Einwanderung wieder ein keltisches Land geworden. Diese Annahme gilt heute als falsch, da sich Keltisches nach

Professor Falc'hun in verschiedenen abgelegenen Regionen Galliens — wie den Westalpen, dem Zentralmassiv und eben der westlichen Bretagne — sehr lange erhalten haben dürfte. Nichts bestätigt deshalb, daß sich Latein beziehungsweise Galloromanisch außerhalb der Städte durchgesetzt hätte. Das Überleben des keltischen Elements in der römischen Bretagne dürfte laut Professor Léon Fleuriot auch durch die fortdauernden engen Verbindungen zu Britannien begünstigt worden sein.

Fleuriots langjährige Forschungen haben denn auch — selbst wenn gewisse Fragen noch nicht beantwortet sind — unsere Kenntnisse über die Beziehungen der Völker beidseits des Ärmelkanals beträchtlich erweitert, und zwar besonders über die Zeit, als das zerfallende Römische Reich die Anstürme der «Barbaren» aufzuhalten suchte.

England war in viel geringerem Maß als etwa Gallien romanisiert worden; Rom hatte sogar einige mehr oder weniger selbständige Königreiche weiterbestehen lassen. Die britischen Könige und Stammesfürsten waren viel eher Verbündete als Vasallen der Römer und sollten das Reich vor den Raubzügen der Pikten und Scoten schützen (Schottland — Kaledonien — war von den Römern nie unterworfen worden). Britische Legionäre waren denn auch am Rhein, in Spanien und natürlich in Gallien stationiert. Ende des 2. Jahrhunderts unterdrückte ein gewisser Artorius — der vielleicht dem mythischen König Arthur den Namen gab — an der Spitze seiner britischen Truppen einen Aufstand der Armorikaner. Und der aus Spanien gebürtige Maximus ließ sich 383 in Britannien zum Kaiser ausrufen und wurde nach der Ermordung Gratians Augustus über Gallien, Spanien und Britannien, mit Sitz in Trier. Mit seinen britischen Truppen verjagte er Valentinian, wurde dann aber von Theodosius besiegt und umgebracht. Trotzdem blieben seine Taten in Britannien unvergessen, und der erfolgreiche Zug auf den Kontinent sollte später im Heldenlied der walisischen Mabinogion gefeiert werden, im «Traum des Maximus». Die britischen Expeditionen auf den Kontinent dauerten jedoch auch nach Maximus dem Großen an und waren nicht immer von einer Rückkehr auf die heimatliche Insel gefolgt. Das Studium der Ortsnamen und zeitgenössischer Texte beweist nicht nur das Ausmaß dieser Züge, sondern belegt eigentliche Einwanderungswellen in der Normandie, in der Picardie, im Seine- und im Loiretal, die bis ins 6. Jahrhundert andauerten. In diesen Regionen blieben die Briten jedoch immer eine Minderheit, die sich relativ schnell assimilierte, ihre keltische Sprache aufgab und sogar die Erinnerung an ihre Herkunft verlor.

Im iberischen Galizien entstand im 6. Jahrhundert das Bistum von Bretoña, dessen erster Bischof den gut bretonischen Namen Maeloc führte. Er besaß die kirchliche Oberhoheit über sämtliche britischen Siedlungen Galiziens und Asturiens (nach den Ortsnamen zu schließen, dürften sie relativ zahlreich gewesen sein). Wann diese Kolonien von der romanisch sprechenden Bevöl-

kerung assimiliert wurden, ist nicht bekannt; jedenfalls überlebte das Bistum von Bretoña die maurische Eroberung nicht.

Auf der armorikanischen Halbinsel, die nun ein neues «Britannien» beziehungsweise die Bretagne wurde, verlief die Entwicklung völlig anders. Hier handelte es sich nicht um einen Einfall ohne große Folgen, sondern um eine eigentliche Kolonisation, die dauernde Ansiedlung einer neuen Bevölkerung. Dabei nahm man lange Zeit an, diese Auswanderung sei hauptsächlich als Reaktion auf den Druck der germanischen Angeln und Sachsen erfolgt, die im 5. und 6. Jahrhundert in Britannien eingefallen waren und die Kelten in den Norden und Westen abdrängten. Diese die Geschicke unseres Landes direkt berührende These bedarf einiger Korrekturen.

Die Auswanderung der Briten hatte um das Ende des 4. Jahrhunderts eingesetzt — mit der Zustimmung der römischen Herren, welche die kriegerischen Fähigkeiten ihrer Verbündeten zu schätzen wußten und ihre Präsenz an den armorikanischen Küsten angesichts der ständigen Bedrohung durch sächsische und gälische Piraten als wünschenswert erachteten. Es kann also keineswegs von einer Flucht der Briten gesprochen werden, die die — übrigens nur langsam vorrückenden — Angelsachsen über anderthalb Jahrhunderte hinzuhalten wußten. Nach der Krise von 408, bei der sich die Briten auf die Seite der aufrührerischen «Bagaudes» geschlagen zu haben scheinen, wurde die Allianz mit den Römern wiederhergestellt. Nach dem Abzug der römischen Legionen aus England blieb der Kampf gegen die angelsächsischen «Barbaren» den nun völlig unabhängigen Briten überlassen; um die gleiche Zeit schienen sich auch die Armorikaner von jeder römischen Oberhoheit befreit zu haben. Während des 5. Jahrhunderts muß sich übrigens der Herrschaftsbereich mehrerer britischer Könige über beide Seiten des Ärmelkanals erstreckt haben. Der Fall war dies zumindest bei Ambrosius Aurelianus Riothamus, einem der bedeutendsten Herrscher dieser Zeit (die hervorragende Biographie von Léon Fleuriot hat ihn aus dem Dunkel der Geschichte zurückgeholt).

Die Bekehrung Chlodwigs zu Ende des 5. Jahrhunderts, die die Unterstützung des Klerus erfuhr, und die Bedrohung durch die Westgoten bewogen die Briten, sich mit den Franken zu verbünden. Diese wiederum unterstützten in der Folge die Errichtung neuer britischer Siedlungen auf der Halbinsel; ihren Höhepunkt erreichte diese zweite Einwanderungswelle im 6. Jahrhundert, hielt jedoch in vereinzelten Schüben bis ins 10. Jahrhundert an.

Doch aus welchen Regionen Englands kamen denn diese Briten? In dieser Frage sind die verschiedenen Epochen auseinanderzuhalten. Wie bereits erwähnt, wählten die ersten britischen Söldner und Siedler nicht unbedingt die eher abseits der großen Heerstraßen gelegene armorikanische Halbinsel; wahrscheinlich kamen die in der Normandie siedelnden Briten aus verschiedenen Gebieten, in erster Linie wohl aus den nördlich gegenüberliegenden Landstrichen. Der Vormarsch der Angelsachsen löste die Auswanderung in Wales und im Südwesten, in Devon und Cornwall, aus. Die «Lebensbeschreibungen» der britischen Heiligen — die die Bretagne evangelisierten — und die Ortsnamenkunde bestätigen diese Annahme. Vermutlich kamen die Gründer von Penhars bei Quimper aus Penharth in der Nähe von Cardiff, während jene, die ihr Dorf Langolen nannten (Langoëlan, zwischen Rostrenen und Guéméné s-Scorff), aus Llangollen in Wales stammen dürften. Es sei denn, sie hätten sich bei der Namensgebung einzig durch die landschaftliche Übereinstimmung mit ihnen bekannten Orten leiten lassen (vergleichbar den kolonialzeitlichen Gründungen in den Vereinigten Staaten und in Kanada).

Über die politische Geschichte der armorikanischen Briten — die wir nun endgültig Bretonen nennen wollen — vom 4. bis 9. Jahrhundert ist wenig bekannt. Es ist fraglich, ob sie vor 845 einen Staat zu bilden imstande waren. Im Norden der Halbinsel erstreckte sich Domnonien, nach den Domnonii, die damals Südwestengland beherrschten und auch für Devon namensgebend waren. Die aus Wales stammenden Cornovii hatten sich um Cornouaille und in Cornwall niedergelassen. Das «Broerek» oder «Land des Waroc'h» war nach diesem Stammesführer benannt, der 577 Vannes eingenommen, das ehemalige Territorium der Veneter an sich gebracht und seinen Herrschaftsbereich bis an die Vilaine ausgeweitet hatte.

Die am Ende des 5. Jahrhunderts hervorragenden Beziehungen zwischen Franken und Bretonen verschlechterten sich bald einmal. Die Franken versuchten mit der Unterstützung der romanisierten ostbretonischen Bevölkerung ihre Vorherrschaft durchzusetzen. Um 750 gründeten sie die Bretonische Mark, eine Grenzregion, die mehrfach als Stützpunkt für Feldzüge diente. Diese endeten im allgemeinen mit kurzfristigen Erfolgen, da die Bretonen sich zwar jedesmal zu Tributzahlungen verpflichteten, aber mit neuen Aufständen nicht auf sich warten ließen. Selbst Karl dem Großen gelang es nicht, unsere Ahnen endgültig zu unterwerfen. Sein Enkel Ludwig der Fromme versuchte eine andere Strategie: Nach dem Sieg über den «Kriegskönig» Morvan setzte er den bretonischen Stammesführer Nominoë als Herrscher über die Halbinsel ein. Doch nach dem Tod des Kaisers, als das Reich zwischen seinen Söhnen geteilt wurde, erhob sich Nominoë gegen den Westfrankenkönig Karl den Kahlen. Mit seiner hervorragenden Reiterei trieb er 845 in der Schlacht bei Ballon, unweit von Redon, die fränkischen Truppen zu Paaren. Der erste die Bretagne einigende Staat war geboren. Ein neues Kapitel unserer Geschichte war aufgeschlagen.

Doch bevor wir uns diesem Abschnitt zuwenden, wollen wir kurz die bretonische Gesellschaftsstruktur zur Zeit der Einwanderung beschreiben (beziehungsweise die britische bei der Auswanderung). Kleinste politische Einheit war die Pfarre, deren Territorium, der «plou», sich meist mit gewissen natürlichen Grenzen deckte (etwa eine von Tälern oder dem Meer begrenzte Hochebene). Die meisten Namen der heutigen Gemeinden bestehen im Grunde aus einer Vorsilbe wie «plou» (Pfarre), «tré» (von «trève», einem alten Wort für eine angeschlossene Pfarre), «lan» (Kloster) oder «gwig» (Flecken), gefolgt vom Namen des Gründers oder des Schutzpatrons. So ist beispielsweise Ploufragen die Pfarre des Frakan, Lanedern das Kloster — oder die Kirche — des heiligen Edern und Tréméoc die «Nebenpfarre» des heiligen Meok.

Wenn man den «Leben der Heiligen», die einige Jahrhunderte nach der Einwanderung geschrieben wurden, Glauben schenken will, mußten die Bretonen bei ihrer Ankunft zuerst die Wälder roden und verlassene Felder wiederherrichten. Dennoch war das Land sicherlich nicht menschenleer; doch dürfte es angesichts der geringen Bevölkerungsdichte kaum zu größeren Konflikten mit den Einheimischen, außer vielleicht um Vannes, gekommen sein.

Auch die der Einwanderung folgende Verschmelzung der bretonischen und der autochthonen armorikanischen Bevölkerung dürfte in den vor dem 9. Jahrhundert besetzten Gebieten kaum Schwierigkeiten gemacht haben, da sich dort das Keltische wahrscheinlich erhalten hatte. In der Bretonischen Mark hingegen — dem Gebiet zwischen Nantes und Rennes — waren die Bretonen auch nach der Vereinigung unter Nominoë vermutlich nur eine kleine Minderheit, die später in der gallorömischen Bevölkerung aufging.

Das keltische Christentum besaß in der Bretagne wie auf den Britischen Inseln bestimmte Besonderheiten. So fällt sofort sein monastischer Charakter auf, vor allem vom 6. Jahrhundert an: Der Klerus besteht in erster Linie aus Ordensgeistlichen; die Klöster und Abteien sind zahlreich und mächtig, so etwa Landévenneg, Léhon, Tréguier, Saint-Gildas-de-Rhuys. Häufig führten Äbte aus fürstlichen Familien die kornischen und walisischen Sippen über den Kanal ins neue Britannien.

Askese und Ordensregel wurden in den Klöstern strengstens eingehalten — oft sollen die Mönche bis zum Hals im eiskalten Meer stehend im Chor die vierzig Psalmen des Bußsakraments gesungen haben. Doch bei allem Eifer ist der keltische Mönch häufig ein «Herumtreiber». Getrieben vom Heiligen Geist oder weil er Geschmack am nomadischen Leben gefunden hat, reist er über Meere und über Hunderte von Meilen, um auch den letzten Heiden das Evangelium zu verkünden. Dabei begnügt er sich nicht mit keltischer Erde: Briten und Iren haben große Teile Deutschlands und der Schweiz bekehrt.

Manchmal verzichten besonders fromme Bischöfe oder Äbte auf ihre ehrenvollen Ämter und ziehen sich in Einsiedeleien auf Inseln oder im tiefen Wald zurück. Sie beenden ihr Leben in Gebet und Betrachtung und zittern vor dem Gedanken, daß man ihr Versteck finden und ihnen neue Aufgaben übertragen könnte.

Die Grenzen der Bistümer sind fließend und durch das Ansehen ihrer sieben heiligen Gründer — Samson in Dol, Malo in Saint-Malo, Brieuc in Saint-Brieuc, Tugdual in Tréguier, Pol in Léon, Corentin in Quimper und Patern in Vannes — bestimmt, die wie vormals die Druiden eher geistliche Lehrer und Führer als Kirchenfürsten und -verwalter waren. Erst im 9. Jahrhundert sollte König Nominoë die Grenzen der Diözesen festlegen.

Ein anderer einzigartiger Zug des keltischen Christentums war die starke Stellung, die es der Frau in der Kirche einräumte. Die fränkischen Prälaten entrüsteten sich darüber, daß die Nonnenklöster oft unmittelbar neben jenen der Mönchsorden standen, daß Frauen ministrieren und am heiligen Sakrament teilnehmen konnten … Im Jahre 515 wurden zwei bretonische Priester vom Metropoliten der Touraine verurteilt, weil sie in der Gesellschaft von «conhospitae» reisten. Die Position der Frau in der bretonischen Kirche führte übrigens nur einen Zug der keltischen Gesellschaft weiter, die viel weniger frauenfeindlich als etwa die römische war und ihr auch politische Verantwortung übertrug.

Spezielle Bräuche der bretonischen Kirche wurden manchmal besonders hervorgehoben, so etwa die unterschiedliche Tonsur (die Mönche schoren die vordere Kopfpartie kahl, ließen das Haar jedoch an Hinterkopf und Nacken lang) oder das abweichende Datum, an dem Ostern gefeiert wurde. Dies sind jedoch eher zweitrangige Unterschiede. Wichtiger erscheint uns, daß bestimmte Praktiken des keltischen Christentums später von der ganzen katholischen Kirche übernommen wurden: so etwa die geheime und häufige Beichte, geistliche Führung, die Möglichkeit, Messen im Freien zu lesen.

Zwar blieb der bretonische Klerus Rom immer treu, doch ertrug er die Einmischungsversuche der fränkischen Geistlichkeit besonders während der Einwanderungszeit um so weniger. Die Streitigkeiten konzentrierten sich dabei auf die Rivalität mit dem Erzbischof von Tours, dessen Gerichtsbarkeit im Prinzip auch die ganze Bretagne umfaßte. Ludwig der Fromme zwang dann 818 die bretonischen Mönche, die Ordensregel des heiligen Kolumban zugunsten der benediktinischen aufzugeben. Damit wird verständlich, daß König Nominoë sofort nach seiner Machtergreifung vier frankentreue Bischöfe absetzte und durch loyale Bretonen ersetzte. Seine Nachfolger versuchten in der Folge, beim Papst die Erhebung Dols in den Rang eines Erzbistums durchzusetzen, um sich von Tours zu lösen, doch dauerte der Streit zwischen den beiden Metropolen noch bis 1199.

Der Sieg Nominoës über Karl den Kahlen sicherte nicht allein die Unabhängigkeit der Bretagne; er wußte sein Territorium durch den Anschluß der ehemaligen Mark, der Gebiete um Nantes und Rennes, beträchtlich auszuweiten. Später fiel der Bretone in Maine und Anjou ein. Er starb — möglicherweise vergiftet — in Vendôme, vor dem Angriff auf Paris. Veränderte dieser Tod die Geschichte Frankreichs und der Bretagne?

Nominoë benutzte ein — zu dieser Zeit Königen vorbehaltenes — Zepter, führte jedoch den Titel eines Herzogs. Sein Sohn Erispoë hingegen ließ sich, nachdem auch er Karl den Kahlen geschlagen hatte, zum König krönen und erweiterte das bretonische Territorium um das Pays de Retz und die Gebiete südlich der Loiremündung bis zum rechten Ufer der Mayenne.

Da sein Vetter Salomon (bretonisch Salaün) Erispoë verdächtigte, mit den Franken gemeinsame Sache machen zu wollen, brachte er ihn kurzerhand um und rief sich selbst zum König aus. Er annektierte in der Folge einen Teil der Maine, von Anjou und die Halbinsel Cotentin und legte sich den stolzen Titel «Herrscher der Bretagne und eines großen Teils von Gallien dank Gottes Gnade» zu. Er sandte dem Papst die herrlichsten Geschenke und versuchte im eigenen Land das Verbrechen, das ihm auf den Thron verholfen hatte, vergessen zu machen, indem er seine Untergebenen mit äußerster Gerechtigkeit regierte. Doch nach siebzehnjähriger Regentschaft (857 — 874) wurde er seinerseits umgebracht, und das Land wurde während einiger Jahre von heftigen inneren Wirren heimgesucht.

Der letzte bedeutende bretonische König war Alain der Große (Alan-veur), der sein Land während zwanzig Jahren mit glücklicher Hand regierte. Doch die andauernden Einfälle der Normannen beziehungsweise Wikinger, die schon seinen Vorgängern zugesetzt hatten, nahmen immer bedrohlichere Ausmaße an. So zerbrach denn letztlich — wie der Historiker Henri Waquet anmerkt — das unabhängige Reich der Bretonen weniger an der bereits wankenden Macht der Abkömmlinge Karls des Großen als vielmehr am unaufhaltsamen Vormarsch der Normannen.

Die Wirren nach dem Tod Alains des Großen nutzten die Normannen, um die ganze Bretagne zu plündern. Städte und Klöster wurden eingeäschert. Der Adel flüchtete ins Frankenreich oder nach England, und auch die Mönche retteten sich mit ihren kostbaren Reliquien und Handschriften ins Ausland. Nur die Bauern blieben und erduldeten das grausame Joch der Wikinger während rund zwanzig Jahren.

Nach und nach formierte sich der Widerstand der Landbevölkerung unter der Führung des Abts von Landévenneg, Yann, der aus dem Exil zurückgekehrt war. Und 936 landete ein Enkel Alains des Großen, der in England aufgewachsen war, in der Nähe von Dol: Alain Barbe-Torte (Krummbart), auch Alan al Louarn (der Fuchs) genannt, schlug die Normannen in mehreren Schlachten und vertrieb sie nach dem entscheidenden Sieg von 939 aus dem Land.

Das Herzogtum

Als Alain Krummbart 937 Nantes einnahm, betrat er nach der Stadtchronik einen Ort, «der seit mehreren

Jahren verlassen war. Um zur Kirche der Heiligen Peter und Paul zu gelangen, mußten er und seine Gefährten sich mit ihren Schwertern einen Weg durch Dorngebüsch und Brombeerverhaue schlagen. Die Kirche fanden sie ohne Dach, mit halb eingestürzten Mauern.»

Dieser Bericht illustriert treffend den Zustand des Landes nach den Verheerungen der Normannen, von denen es sich lange nicht erholte. Das Cotentin sowie die Besitzungen in der Maine und im Anjou waren verloren; seine Grenzen entsprachen ungefähr den heutigen.

Der neue Herrscher, Enkel eines Königs, mußte sich zumindest nach außen mit dem Titel eines Herzogs begnügen und die Oberhoheit seines Freundes Ludwigs IV., des Überseeischen, König Frankreichs von 936 bis 954, anerkennen. Für sein Volk blieb Alain wie seine Nachfolger — zumindest bis ins 12. Jahrhundert — «Ri-Brith», König der Bretagne, und in den Gebeten wurden sie «Dux sive Rex» genannt. Am französischen Hof hingegen behandelte man sie lange Zeit als simple Grafen und gestand ihnen den Herzogstitel erst im 13. Jahrhundert zu.

Vom 10. Jahrhundert an hatte sich in der Bretagne, wie in der ganzen christlichen Welt, das Feudalsystem vollständig durchgesetzt, in dem jeder Edle vom Ministerialen und Ritter über den Freiherrn und Grafen bis zum Herzog des einen Herr und des anderen Vasall war. Doch diese hierarchischen Beziehungen waren nur zu oft umstritten und wurden je nach Ausgang lokaler Konflikte umgestoßen. Der König von Frankreich regierte nur sein Erbland direkt (unter den Kapetingern ein schmaler Streifen zwischen Paris und Orléans) und konnte sich gegenüber seinen Vasallen nur mit Mühe durchsetzen. Alain Krummbart war diesem System ebenfalls unterworfen. Der König von Frankreich war weit weg, und vom 10. bis zum 13. Jahrhundert kümmerte er sich überhaupt nie direkt um die Bretagne. Viel bedrohlicher für das bretonische Herrscherhaus war der Einfluß der Grafen von Anjou und besonders der mächtigen normannischen Herzöge. Das Eigengut von Alain Krummbart umfaßte nur die Grafschaft Nantes, Broerek und Poher (die Region von Carhaix). Den Rest der Bretagne teilten sich praktisch selbständige Adelshäuser.

Die Nachfolger Alains vermochten sich noch weniger durchzusetzen. Der Herzogstitel ging vom Haus Nantes an jenes von Rennes und schließlich an das Haus Cornouaille über, das ihn bis 1166 bewahren konnte. Der Besitz des Herzogtums wuchs allmählich, doch mußten die Fürsten ihren Anspruch in ständigen Fehden mit ihren Vasallen behaupten. Zwei wichtige Feldzüge fallen in diese Zeit: 1066 besetzt der normannische Herzog Wilhelm der Eroberer England. Ein Drittel seiner Gefolgschaft stellten bretonische Herren, die sich ihren Teil am überseeischen Kuchen zu sichern wußten. Das sogenannte «Honneur», die Grafschaft Richmond, sollte später ins Eigengut der Herzöge der Bretagne übergehen.

1099 nahm Herzog Alain Fergent am Ersten Kreuzzug teil. Zu dieser Zeit erscheinen die ersten nationalen Wappen. Ein schwarzes Kreuz auf weißem Grund war das Zeichen der Bretagne. Die hermelinbedeckte Flagge stammt erst aus dem 13., das schwarzweiße, «Gwenn ha Du» genannte heutige Wappen vom Anfang des 20. Jahrhunderts.

Die Bretagne konnte vom Konflikt zwischen Frankreich und England beziehungsweise zwischen den Kapetingern und den Plantagenet — die ja auch über einen beträchtlichen Teil Frankreichs herrschten — zu Ende des 12. Jahrhunderts nicht unberührt bleiben. Heinrich II. glaubte mit der Heirat seines Sohnes Geoffroi und der Erbin des Herzogtums, Constance, die Bretagne in die Hand zu bekommen. Doch Gottfried selbst durchkreuzte diese Rechnung, indem er das Land von der Fuchtel seines Vaters freizuhalten suchte. Selbst sein unerwarteter Turniertod machte die Hoffnungen seiner Untergebenen noch nicht zunichte: seine Gemahlin trug den Erbprinzen unter dem Herzen. Schon sein Name, Arthur, war ein Programm, feierten doch die Barden beidseits des Kanals die Heldentaten der Gralsritter und prophezeiten die Rückkehr des legendären Artus, der das alte Keltenreich in seiner ganzen Herrlichkeit wiederauferstehen lassen sollte.

Ließ der englische König Johann ohne Land wohl aus Angst vor dieser Prophezeiung den sechzehnjährigen Herzog, seinen Neffen, ermorden?

Diesen Mord nimmt der französische König Philipp II. August zum Vorwand, in der Bretagne einzufallen und der Erbprinzessin Alix, Halbschwester des unglücklichen Arthur, einen Gatten aus königlichem französischem Geblüt, Pierre de Dreux, aufzuzwingen. Doch auch seine Rechnung geht nicht auf. Der selbstsichere Peter benutzt als echter Kapetinger in der Bretagne dieselben Methoden, mit denen seine Familie in Frankreich groß geworden ist und baut die herzogliche Macht aus. Dies nicht zuletzt, indem er sich abwechselnd mit England und mit Frankreich verbündet, um die beiden gegeneinander auszuspielen. Diese Politik wurde von seinen Nachfolgern, insbesondere von seinem Sohn, Johann I. dem Rothaarigen, fortgesetzt. Nach dem Tod des kinderlos gebliebenen Johann III. brach dann allerdings der bretonische Erbfolgekrieg aus.

Da nach bretonischem Recht weibliche Familienangehörige Anspruch auf die Thronfolge hatten, war die Nichte Johanns, Johanna von Penthièvre, die rechtmäßige Erbin des Herzogtums, doch machte ihr Halbbruder Johann von Montfort französisches Recht geltend, um die Krone für sich zu fordern. Paradoxerweise unterstützte Frankreich in dem Streit Johanna, während England hinter dem Montforter stand. Nach mehreren Schlachten, in denen sich der berühmte Bertrand du Guesclin, der nachmalige französische Konnetabel, besonders hervortat, siegte die «englische» Partei, und Johann von Montforts Sohn wurde als Johann IV. zum Herzog der Bretagne gekrönt.

Seine Untergebenen zwangen ihn zwar bald wegen seiner allzu englischfreundlichen Haltung ins Exil, holten ihn jedoch sofort zurück, als König Karl V. von Frankreich das Machtvakuum zur Annexion der Bretagne benutzen wollte. Bei der Landung in Dinard, nach anderen Quellen in Saint-Servan, wurde dem Herzog ein triumphaler Empfang bereitet, an den das Lied «Barzaz Breiz» erinnert.

Den Nachfolgern Johanns IV., vor allem Johann V.,

Dieser Gegensatz zwischen der durch den Hochadel vertretenen «französischen Partei» und der restlichen öffentlichen Meinung spitzt sich unter Franz II. zu: 1488 wird das bretonische Heer bei Saint-Aubin-du-Cormier vernichtend geschlagen, sechstausend Mann — mehr als die Hälfte seiner Soldaten — fallen. Der Herzog muß einen demütigenden Vertrag (Traité du Verger) unterzeichnen, nach dem er seine Töchter Anne und Isabeau nur mit Zustimmung des französischen

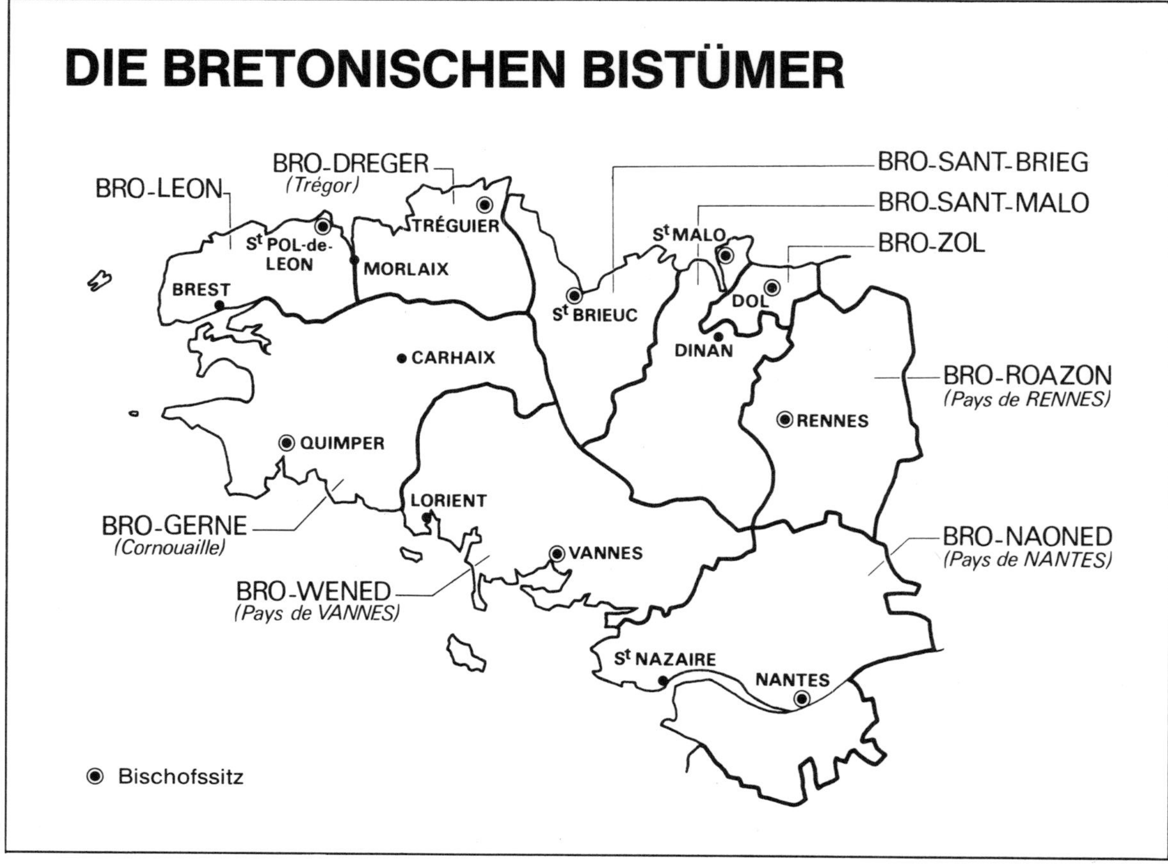

gelang es, die Bretagne aus den französisch-englischen Auseinandersetzungen herauszuhalten und dank dieser Neutralität das Land zu bemerkenswerter wirtschaftlicher Blüte zu bringen. Diese politische Konstellation beherrschte auch noch die Regentschaft von Franz II. zu Ende des 15. Jahrhunderts. Da jedoch inzwischen die Macht des französischen Königshauses beträchtlich angewachsen war, sind die Gewichte fortan ungleich verteilt. Seit 1461 herrscht in Frankreich der durchtriebene Ludwig XI., der systematisch die Gegner des bretonischen Hofes finanziert. Während der Hochadel also gegen den Herzog konspiriert, wünscht die allmählich wachsende Bourgeoisie vor allem den Fortbestand der guten Beziehungen mit England und Spanien, um ungehindert ihren Seehandel ausbauen zu können. In ihren Augen wie in denen des Kleinadels und der niederen Stände erscheint der Herzog als Garant der Unabhängigkeit. «Möglicherweise erwachte in dieser Zeit — wie anderwärts in Europa — ein gewisses Nationalgefühl», meint der Historiker Henri Touchard.

Königs verheiraten darf — einen männlichen Nachfolger hat er nicht. Einen Monat später stirbt Franz II. Ein großer Traum ist ausgeträumt ...

Das 15. Jahrhundert hatte nach übereinstimmender Ansicht aller Historiker das Herzogtum Bretagne auf den Zenit seiner Macht geführt. Neben dem Willen, die Unabhängigkeit gegenüber Frankreich und England zu erhalten, war auch die Stärkung der herzoglichen Macht ein Leitmotiv des Hauses Montfort. Der Regent nannte sich «Herzog von Gottes Gnaden»; er prägte eigenes Geld, unterhielt einen glänzenden Hof, entsandte Botschafter an Königshöfe und zum Heiligen Stuhl, schwor bei der Krönung, «die königlichen Rechte» der Bretagne zu verteidigen. Die Juristen hielten dafür, daß die Bretagne eine «Nation», ein «freies Fürstentum» sei und nie zum Königreich Frankreich gehört habe.

Der Herzog war kein Alleinherrscher. Ein Rat stand ihm zur Seite, und zudem mußte er besonders den Wünschen der Ständeabgeordneten Rechnung tragen.

Diese versammelten sich ab 1420 einmal jährlich. Sie stimmten über die Steuern ab, äußerten sich zur Außenpolitik und leiteten die Beschwerden und Klagen der Bevölkerung an die Regierung weiter. Das Parlament, aus einer Kommission der Stände entstanden, wuchs sich zu einer immer unabhängigeren Justizbehörde aus. Sie richtete nach bretonischem Recht, wie es im Kodex der «Très ancienne coutume de Bretagne» niedergelegt war. Der heilige Ivo von Tréguier (Sant Erwann, 1253–1303) hatte als bedeutender Jurist entscheidend zu seiner Niederschrift beigetragen. Der Haushalt des bretonischen Staates wiederum wurde von der «Chambre des Comptes» in Nantes kontrolliert.

Das Heer war nicht besonders groß: Der Normalbestand mit einer herzoglichen Garde von 2000 Mann und 9000 Bogenschützen konnte sich in Kriegszeiten verdrei- oder vervierfachen. Eine kleine Kriegsflotte sicherte die Schiffahrt, doch konnten auch die Kauffahrer, wenn notwendig, bewaffnet werden. Die großen bretonischen Seefahrer, wie etwa Yann Koatanlem, der es zum portugiesischen Admiral brachte, wechselten mit Leichtigkeit vom Kriegshandwerk zur Handelsschiffahrt oder zur Seeräuberei über; sie scheinen diese Aktivitäten durchaus nicht als unvereinbar betrachtet zu haben.

Das idyllische Bild, das der Chronist Alain Bouchard von der Bretagne zeichnet, indem er etwa versichert, daß man im 15. Jahrhundert im kleinsten Weiler Silbergeschirr finden konnte, trügt möglicherweise, doch hatten sich die Lebensbedingungen der zwischen dem 10. und 12. Jahrhundert von der Leibeigenschaft befreiten Bauern sicherlich beträchtlich verbessert.

Außer Rennes und Nantes blieben die Städte zwar klein, waren aber zahlreich und von Leben erfüllt. Manche sind um geschützte Häfen am Ufer der fjordähnlichen Meeresarme entstanden und blühten dank ihrer Eisenhütten und Schmiedewerkstätten, Stickereiateliers sowie Pökelfleisch- und Stockfischbetriebe.

Die Handelsschiffahrt war unter den letzten Herzögen besonders aktiv. Bretonische Kauffahrer handelten mit England, Spanien, den Königreichen von Kastilien und Aragonien, Portugal, den Hansestädten und hatten sogar vom Papst verlangt, mit den heidnischen Türken wirtschaftliche Beziehungen zu knüpfen.

Ein Handelsdreieck war entstanden, indem die Bretonen Tuche und Korn nach Spanien brachten, dort Wein und Früchte einkauften und diese Waren in England absetzten, von wo sie mit Kohle für die bretonischen Eisenhütten heimkehrten.

Die Bretagne begnügte sich jedoch nicht damit, den eigenen Außenhandel **zu** entwickeln, sie besorgte auch den Warentransit zwischen anderen Ländern. Ihre Kontore waren zwar klein, aber zahlreich (344 im holländischen Arnemuiden im Jahre 1483). Die Herzöge waren keineswegs fremdenfeindlich eingestellt, sondern im Gegenteil bemüht, «neues Blut» in die nationale Wirtschaft zu bringen, indem sie fremde Kaufleute — insbesondere Normannen und Spanier — ins Land holten; die letzteren unterhielten in Nantes ein Konsulat.

Die Entfaltung der bretonischen Kunst am Ende des Mittelalters war eine Frucht dieser blühenden Wirtschaft. Aus romanischer Zeit sind einige Meisterwerke, wie Redon oder Loctudy, erhalten, doch war die stilbildende Kraft der Gotik in der Bretagne viel stärker. Es genügt, die Kathedralen von Nantes oder Quimper, die Kirche Notre-Dame in Le Folgoët, den schwindelerregenden Turm der Chapelle du Kreisker in Saint-Pol-de-Léon, die Kirche von Kernascléden, die «Miniaturkathedrale» in Locronan, den Kalvarienberg in Tronoën zu erwähnen. Außerdem errichteten die Herzöge während der Gotik Grenzfestungen wie Fougères, Vitré, den Donjon von Dinan, den Solidor-Turm in Saint-Servan … und prachtvolle Schlösser wie Nantes oder das der Brandung trotzende Château de Suscinio südlich von Vannes; Adel und wohlhabende Bürger bauten sich Landsitze und Stadthäuser. Mit dem Aufblühen der Architektur ging der Aufschwung der Bildhauerkunst einher.

Parallel zur Bautätigkeit blühte das künstlerische Schaffen, insbesondere die Bildhauerei, und in Rennes, Tréguier und Quimper entstanden Glasmalerwerkstätten, deren Schaffen auf die ganze Bretagne ausstrahlte.

Die bretonische Literatur bleibt während des Mittelalters im wesentlichen mündlich überliefert. Nur sehr wenige und späte Texte sind erhalten geblieben — so ein Gedichtfragment des 14. sowie Mysterienspiele, geistliche Dramen und eine Dialogdichtung des 15. Jahrhunderts —, doch darf angenommen werden, daß das literarische Schaffen recht vielfältig war. Die Dichter des 15. Jahrhunderts befolgten die von der alten keltischen Prosodie geprägten vielschichtigen Regeln, so daß nach Yann Brekilien «die Kette nie unterbrochen wurde».

Seit dem 12. Jahrhundert hatte sich im übrigen ganz Europa an bretonischen Stoffen wie den Abenteuern König Artus' und der Gralsritter oder der Liebe von Tristan und Isolde begeistert. Es ist denn auch bekannt, daß Geoffrey of Monmouth, der so viel zur Popularisierung dieser Themen beitrug, als der Sohn eines bretonischen Adligen mit Wilhelm dem Eroberer nach England gekommen war und zumindest teilweise aus bretonischen Quellen geschöpft hatte. Und als die in der zweiten Hälfte des 12. Jahrhunderts geborene normannische Dichterin Marie de France ihre «Lais bretons» schrieb, stellte sie sie als Adaptationen von bretonisch geschriebenen Werken vor.

Zu Ende des 15. Jahrhunderts entstand eine Situation, die einen neuen Aufschwung bretonischer Literatur hätte bewirken können: Universitätsgründung in Nantes, Einführung der Druckkunst — eines der ersten in der Bretagne gedruckten Bücher war ein bretonisch-französisch-lateinisches Wörterbuch. Das Bretonische hatte jedoch bereits stark an Boden verloren, und die wichtigsten städtischen Zentren lagen in der französischsprachigen Region. Die Renaissance unserer Literatur war um einige Jahrhunderte vertagt …

Diesen Rückgang des Bretonischen bereits im Mittelalter hat man oft zu erhellen versucht. Seine Gründe sind vielfältig. Zur Zeit seiner größten Ausbreitung — vom 9. bis 11. Jahrhundert — war Bretonisch die allgemeine Umgangssprache westlich der Linie Mont-Saint-Michel—Pornic; auf beiden Seiten dürften jedoch Sprachinseln bestanden haben. So wurde Bretonisch auch in Landivy in der Mayenne, in Saint-Hilaire-du-Harcouët in der Normandie und übrigens auch lange Zeit auf den Normannischen Inseln gesprochen. Das

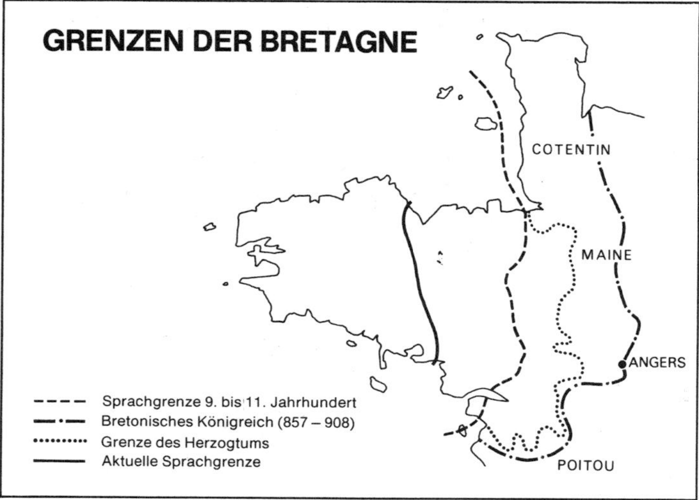

Trotz der Zerstückelung in Departemente sind die historischen Grenzen tief im Bewußtsein der Bevölkerung verwurzelt.

Romanisch oder Gallo der Region von Rennes gewann immer schneller an Boden und erreichte im 12. Jahrhundert das Tal der Rance — bretonische Sprachinseln hielten sich zwar um Dinan bis ins 15. Jahrhundert — und in der Folge Saint-Brieuc. Vom 17. Jahrhundert an verlor das Bretonische jedoch nur noch die Halbinsel von Guérande; seither verläuft die Sprachgrenze stabil.

Der Rückgang des Bretonischen war viel eher ein soziologisches als ein geographisches Phänomen. Seit der normannischen Besetzung im 10. Jahrhundert begann sich der nach Frankreich oder nach England geflohene Adel zu «französisieren»; in der Folgezeit fiel die Herzogswürde an französische Familien wie die Plantagenet und die Kapetinger. Die Bourgoisie ahmte natürlich den Adel nach. Vor allem darf jedoch der Einfluß des Klerus nicht vergessen werden. Die in der Einwanderungszeit so starke bretonische Kirche hatte ihren Schwung in den folgenden Jahrhunderten eingebüßt, und es waren vor allem Mönche aus den großen Klöstern des Loiretals, die an der geistlichen Erneuerung der Bretagne arbeiteten. Wenn man bedenkt, daß der Papst 1199 den Konflikt zwischen den Erzbistümern von Tours und Dol zugunsten der ersten Stadt entschied und damit also die Geistlichen während langer Jahrzehnte von französischen Erzbischöfen berufen wurden, liegt der Schluß auf der Hand, daß der Klerus als gebildetster Stand in dieser Zeit ein bestimmender Faktor der «Entbretonisierung» war.

Eine « fremdartige Provinz »

Die Niederlage von Saint-Aubin-du-Cormier und der Tod des Herzogs Franz II. bedeuteten das Ende der bretonischen Unabhängigkeit. Die mit weniger als zwölf Jahren zur Herzogin gekrönte Anne de Bretagne bot der anrückenden französischen Übermacht mit bewundernswertem Mut die Stirn. Sie konnte auf den Kleinadel, die Bürgerschaft und das Volk zählen und erhielt englische und spanische Verstärkungen. Doch der Hochadel verriet sie und lieferte sie — zusammen mit einigen Festungen — dem französischen König Karl VIII. aus. Die Ferntrauung mit Maximilian, dem späteren römisch-deutschen Kaiser (1490), rettete das Herzogtum nicht, da sie von ihrem Gatten keinerlei Unterstützung erhielt. Im folgenden Jahr fielen die königlichen Truppen erneut ein, besetzten das Land und belagerten Rennes, wo sich der bretonische Hof verschanzt hatte.

Die Situation war verzweifelt. Um ihr Volk zu retten, akzeptierte Anne, ihre Ehe mit Maximilian, den sie nie gesehen hatte, durch den Papst annullieren zu lassen und Karl VIII. zu heiraten, der dafür seine Verlobung mit Maximilians Tochter Margarete von Österreich auflöste. Man kann sich den Zorn des späteren Kaisers vorstellen, als er erfuhr, daß der französische König die Hand seiner Tochter verschmähte, um ihm die Frau zu nehmen! Und die unglückliche Herzogin soll ausgerufen haben: «Weh mir, daß ich einen Mann heiraten muß, der mir so übel getan!»

In der Heiratsurkunde hatte Anne versprechen müssen, den Nachfolger zu heiraten, wenn sie Witwe würde. Dies tat sie denn auch, als Karl, dessen vier Kinder früh gestorben waren, sich an einer niederen Pforte so heftig den Kopf anstieß, daß er an den Folgen verschied. Doch der Kontrakt, der Anne mit dem neuen König Ludwig XII. — der in Saint-Aubin als Louis d'Orléans auf bretonischer Seite gekämpft hatte und nun seinerseits eine Ehe auflösen ließ, um seine «petite Brette» zu heiraten — verband, ließ der Bretagne weitreichende Freiheiten: Nach dem Tod des Paares sollte das Herzogtum wieder unabhängig werden; wenn sie einen Sohn zeugten, würde dieser König, und das Herzogtum käme dem allfälligen Zweitgeborenen oder einer Tochter Annes zu. Alle Vorsichtsmaßnahmen schienen getroffen.

Ludwig XII. und Anne hatten zwei Töchter. Die ältere, Claude, wurde als Erbin der Bretagne im Alter von zwei Jahren dem einjährigen Charles de Gand, dem späteren Karl V., versprochen. Doch das Parlament in Paris annullierte diese Verlobung, und Claude heiratete gegen den Willen ihrer Mutter Franz von Angoulème, der später als Franz I. den französischen Thron bestieg. Nach dem Tod Annes überließ Claude ihrem Gatten alle Rechte über die Bretagne.

Der König konnte die Bretagne nicht ohne Zustimmung der Stände annektieren. Diese beschlossen nach anfänglichem Zögern und angesichts der Aussichtslo-

  Legenden zu den Bildern 95 bis 110 auf Seite 151 *Fortsetzung Seite 209*

DEAUVILLE 10h
Dimanche-Turf
DIMANCHE-SPORT
TIERCÉ
20 PARTANTES
Un second handicap pour
RIVER VALLEY ?
COURSES A DEAUVILLE

sigkeit jeglichen Widerstands zu verhandeln. 1532 unterzeichneten sie das neue Statut, das bis zur Französischen Revolution in Kraft war und nie offiziell abgeschafft wurde.

Dieser Vertrag garantierte der Bretagne weiterhin eine beträchtliche Freiheit. Der König hatte zwar den Herzog als Herrscher abgelöst, doch blieben die ständischen Institutionen erhalten.

Ohne Zustimmung der Stände konnten keinerlei Steuern erhoben werden; die Justiz war dem Parlament unterstellt, das auch administrative Funktionen innehatte; die Ritterschaft konnte nur in äußerster Not zu Kriegsdiensten außerhalb der Bretagne verpflichtet werden; die kirchlichen Ämter blieben Bretonen vorbehalten. Der König wurde durch einen Statthalter vertreten, der vor allem polizeiliche und militärische Gewalten hatte; später sollten auch die sogenannten Intendanten eine wichtige Rolle spielen.

Trotzdem kam es während des Ancien Régime von 1532 bis 1789 zu zahlreichen Auseinandersetzungen zwischen den Bretonen und der Zentralgewalt, die den Vertrag nicht immer respektierte. Die Erinnerung an die Zeit der Unabhängigkeit blieb außerdem in dieser «als Ausland bekannten Provinz» noch lange wach.

Zu Ende des 16. Jahrhunderts nutzte der damalige Statthalter der Bretagne, der Herzog von Mercœur, die Wirren der Religionskriege und versuchte, sich an die Spitze eines unabhängigen Herzogtums zu setzen. Obwohl er von Spanien unterstützt wurde, mußte er sich schließlich Heinrich IV. beugen.

Der Aufstand der «Bonnets Rouges» (Rotmützen) brach 1675 los, als Ludwig XIV. neue Steuern erheben wollte. Von den Städten ausgehend, griff die Erhebung auf das Land über. In Cornouaille wurde der «Code paysan» veröffentlicht, der die Respektierung der «armorikanischen Freiheit» und echte soziale Gleichheit forderte. Der unbarmherzig unterdrückte Aufstand markierte einen Wendepunkt: Für die königliche Gewalt diente er als Vorwand, der Bretagne neue Pflichten und drakonische Vorschriften aufzuerlegen, die ihren wirtschaftlichen Niedergang nach sich zogen.

1720 wurde der Marquis von Pontkalleg zusammen mit drei anderen Edelleuten unter der Anklage «separatistischer» Verschwörung enthauptet. Im weiteren Verlauf des 18. Jahrhunderts stellten sich die Stände und das Parlament mehrfach gegen den König; während der «bretonischen Affäre» von 1765 wurde Generalstaatsanwalt La Chalotais zusammen mit den wichtigsten Opponenten eingekerkert; der König mußte jedoch auf den Druck der anderen Provinzparlamente nachgeben.

Jüngere Untersuchungen zeigen, daß der Elan der bretonischen Wirtschaft des 15. Jahrhunderts durch die Annexion nicht gebrochen wurde, da «der französische Staat auf diesem Gebiet lange Zeit kaum eingriff und die Bretagne nach Belieben walten ließ», wie der Historiker Jean Tanguy über die Zeit des Ancien Régime schreibt. Das Land exportiert weiterhin: Korn, Speck, Butter, Fische, Salz und vor allem Tuche. Es importiert Wein aus der Loireregion und aus dem Bordelais, Eisen aus dem Baskenland, spanische Früchte und holländische Heringe …

Die Handelsbilanz bleibt bis zum Ende des 17. Jahrhunderts positiv, was den — mehr oder weniger direkten — Fluß von Edelmetallen aus Spanisch-Amerika verständlich macht. Zu Ende des 16. Jahrhunderts werden 35 Prozent des französischen Münzgeldes in den «Hôtels des Monnaies» von Rennes und Nantes geprägt.

Eine Folge dieses Reichtums war die außergewöhnliche Lebendigkeit der kirchlichen Architektur in der Bretagne. Zwischen den einzelnen Kirchspielen entbrennt ein fruchtbarer Wettstreit, und aus einer unbekümmerten Mischung verschiedener Stile wie Flamboyantgotik, Renaissance und Klassizismus entsteht eine eigenständige Kunst. Die sogenannten «Enclos paroissiaux» — zum Beispiel in Pleyben, Guimiliau, Saint-Thégonnec — bilden unverkennbare architektonische Komplexe aus Kirche, Triumphbogen, Beinhaus und besonders dem Kalvarienberg mit zahlreichen Statuen — eigentlichen «steinernen Evangelien». Die Form der Kirchen bleibt zwar meist herkömmlich, dafür wird der Turm immer höher, mit viereckiger Basis, der ein schlanker Hut mit Laternen aufgesetzt ist. Das Südportal mit den Statuen der Apostel wird zum Haupteingang der Kirchen. Die Blüte von Bildhauerei und Glasfensterkunst überdauert auch die Krise von 1675, besonders dank des Einflusses jesuitischer Missionare und vor allem dank Pater Maunoir. Beseelt von dem Wunsch, den Glaubenseifer der Bretonen neu zu entfachen, fördern sie die bildenden Künste und das geistliche Schauspiel, da sie die angeborene Vorliebe der Bretonen für Gegenständliches, Be-Greifbares kennen.

Ab 1680 setzt in der Bretagne ein wirtschaftlicher Niedergang ein, dessen Ursachen vielfältig sind. Der von Colbert verfügte Schutzzoll auf englischen Tuchen hat zur Folge, daß der britische Markt für bretonische Produkte geschlossen wird. Die noch recht handwerklich organisierte bretonische Textilindustrie, eines traditionellen Absatzwegs beraubt und unfähig, sich auf dem heimischen Markt gegen die Konkurrenz durchzusetzen, erfährt eine Krise, die ihr den Todesstoß versetzt.

Der Seehandel leidet unter den häufigen Auseinandersetzungen zwischen England und Frankreich, und zwar insbesondere die kleinen Häfen in den schmalen Meerarmen, denen bereits die wachsende Tonnage der Schiffe Schwierigkeiten bereitet. In Saint-Malo vermögen die Kaperbeute und der Fischfang kaum den Rückgang der Erträge aus dem Handel wettzumachen. Lorient, seit 1666 Sitz der «Compagnie des Indes», spezialisiert sich auf den Fernosthandel, und Nantes verdankt seinen relativen Wohlstand im 17. Jahrhundert dem Handelsverkehr mit den Antillen (man tauscht Tuche und Pökelfleisch gegen Zucker, Kaffee, Tabak), aber auch dem Sklavenhandel. Brest, dessen strategisch günstige Lage schon Richelieu und später Colbert erkannten, entwickelt sich zum bedeutenden Marinestützpunkt.

Am Vorabend der Französischen Revolution verteidigt die Bretagne erbittert ihre innere Autonomie, muß aber die nur zu oft schädlichen Konsequenzen von in Paris getroffenen Entscheidungen und einer Außenpolitik ertragen, die auf ihre Interessen keine Rücksicht nimmt. Zwei Versuchungen bedrohen sie: der vollständige Rückzug auf sich selbst oder die Selbstaufgabe

Geistlichkeit, Abgeordnete zu bestimmen, da sie sich nicht zu Unrecht auf die alte bretonische Verfassung beriefen. Der niedere Klerus und besonders der Dritte Stand hingegen spielten anfänglich in der Pariser Nationalversammlung eine führende Rolle. Alle «Freunde der Freiheit» versammelten sich im «Bretonischen Klub», der sich später zum Klub der Jakobiner wandelte und neue Ziele verfolgte.

Das Schlüsselereignis wurde für die Bretagne die Ab-

Fischerhafen von Concarneau 1912.

und vollständige Integration in Frankreich. Die Zeiten, als die Bretagne sowohl ihren Seehandel auszuweiten wie insbesondere ihre kulturelle Selbständigkeit zu verwirklichen wußte, waren längst vorbei. So ist es denn auch kein Zufall, daß der Niedergang der Wirtschaft seine Entsprechung in der Schwächung des bretonischen Kunstschaffens fand.

Vom Landraub zum Kulturmord

Beim Ausbruch der Französischen Revolution zeigten sich die Bretonen — den Widerstand gegen die königliche Gewalt gewohnt — den «neuen Ideen» gegenüber aufgeschlossen. Doch die Entwicklung des neuen Regimes rief in der Bretagne nur allzu bald Mißtrauen, ja Opposition hervor.

Als 1789 die Generalstände einberufen wurden, weigerten sich sowohl der bretonische Adel wie die hohe

stimmung über die Abschaffung der Privilegien in der Nacht des 4. August. In einer allgemeinen Konfusion machte die Assemblée sowohl mit den Vorrechten von Personen und Klassen (Adel und Klerus) wie mit den Freiheiten der Provinzen Schluß. Die sogenannten «vermittelnden Gewalten» waren damit aufgehoben, und das Individuum stand dem allmächtigen Staat allein und schutzlos gegenüber.

Die bretonischen Delegierten akzeptierten die Entscheidung der Nationalversammlung nur unter dem Vorbehalt ihrer Ratifizierung durch die bretonischen Stände. Doch diese wurden nie einberufen, und der Vertrag von 1532 als Übereinkunft von «Nation zu Nation» wurde nie formell abgeschafft.

Der historische Beschluß des 4. August 1789 nahm der Bretagne jede gesetzliche beziehungsweise staatliche Grundlage. Sie wurde wie die anderen Provinzen zerstückelt und in fünf Departemente aufgeteilt, deren Grenzen eher zufällig nach den Interessen der im

Augenblick einflußreichsten Politiker gezogen wurden. Paris wandte die berühmte Devise des «Teile, um zu herrschen» an.

Doch sollte sich nun jedes Departement selbständig verwalten oder sollten die Entscheidungen in der Hauptstadt getroffen und im ganzen Land einheitlich angewendet werden? Diese Grundsatzentscheidung brachte bald einmal die «Girondisten» als Anhänger des Föderalismus gegen die zentralistisch gesonnenen Jakobiner auf, die von 1793 bis 1794 ihr blutiges Regiment ausübten. Im Mai 1794 legten sechsundzwanzig Administratoren des Departements Finistère im äußersten Westen der Bretagne ihr Haupt auf den Block der «heiligen Guillotine».

Die Girondisten blieben mit ihrem Widerstand nicht allein. Die antiklerikale Politik der Jakobiner, die den Katholizismus durch den «Kult des Höchsten Wesens» ersetzen wollten, die Abschaffung der Provinzrechte, die Anhänglichkeit an den 1793 enthaupteten König und schließlich vor allem die Einführung der allgemeinen Wehrpflicht riefen in der Bretagne und im ganzen Westen Frankreichs eine Protestbewegung — die Chouannerie — hervor, die, unterstützt vom emigrierten Adel und verschiedenen europäischen Monarchien, einen regelrechten Bürgerkrieg entfesselte.

Weder der Sturz der Jakobiner noch der mißglückte Invasionsversuch des Emigrantenheers in Carnac und die grausamen Abschreckungs- und Unterdrückungsmaßnahmen machten der Chouannerie ein Ende. 1804 wurde ihr Anführer Cadoudal nach der gescheiterten Entführung des Ersten Konsuls Bonaparte enthauptet.

Als Kaiser stellte Napoleon den Religionsfrieden wieder her, verstärkte jedoch die administrative Zentralisation noch, indem er das Amt der Präfekten schuf, welche die Durchführung der Pariser Direktiven in den Departementen zu überwachen hatten und über äußerst weitreichende Vollmachten verfügten. Diese Regierungsweise erwies sich als so effizient, daß sie weder von der restaurierten Monarchie (1814) noch von späteren Regimes in Frage gestellt wurde.

Es wäre unehrlich, den demographischen Aufschwung und wirtschaftlichen Fortschritt zu leugnen, welche die Bretagne im 19. und beginnenden 20. Jahrhundert prägten. Dank einer hohen Geburtenrate zählte unser Land um 1900 3,3 Millionen Einwohner. Die Entwicklung der Landwirtschaft war geradezu spektakulär. In einem Jahrhundert wurden mehr als zwei Drittel der Heide gerodet. Der Anbau von Korn, Kartoffeln und Futtergetreide beanspruchte immer größere Flächen. Die fruchtbaren Felder des «goldenen Gürtels» sind Grundlage für Intensivkulturen von Frühgemüse, Artischocken, Blumenkohl. Der Tierbestand hat sich qualitativ gewaltig verbessert, insbesondere das Pferde- und Rinder-Zuchtmaterial.

Gleichzeitig erfuhren Fischereihäfen wie Lorient, Concarneau, Douarnenez, Le Guilvinec und andere eine rasante Entwicklung, so daß die Bretagne zum bedeutendsten Fischexporteur der französischen Küstenregionen wurde. Die Verarbeitung der landwirtschaftlichen Produkte wie der Fischereiwirtschaft erfolgte zum großen Teil an Ort und Stelle dank der Installation von Konservenfabriken. Metallurgie und Schiffbau blühten zumindest in der Region um Nantes. Und schließlich wurden die bretonischen Küsten zu Beginn des 20. Jahrhunderts von den französischen und englischen Touristen entdeckt.

Leider hat dieses Bretagnebild auch Schattenseiten. Die beträchtliche Entfernung von den großen Konsumzentren und die hohen Transportkosten benachteiligen den Vertrieb der bretonischen Agrarprodukte (dieses Problem ist von brennender Aktualität geblieben). Am schwersten wiegt jedoch, daß die Fabriken weder zahlreich noch stark noch diversifiziert genug sind, um all den Jungen, die auf den Arbeitsmarkt drängen, Beschäftigung bieten zu können.

Die Bretagne wird — besonders vom ersten Drittel des 20. Jahrhunderts an — ein ausgeprägtes Auswanderungsland. Bretonen ziehen in die Großregion von Paris, nach Aquitanien — wo sie verlassene Bauernhöfe wieder besiedeln —, in die französischen Kolonien und die überseeischen Departemente, nach Amerika. Doch für den Bevölkerungsrückgang der ersten Hälfte des 20. Jahrhunderts ist die Auswanderung nicht allein verantwortlich: der Erste Weltkrieg kostete über 240 000 bretonischen Soldaten das Leben.

Zerstückelt, eng von der Zentralgewalt abhängig, durch die Auswanderung und die «Grande Guerre» entvölkert, war die Bretagne außerdem einer umfassenden und beharrlichen «Dekulturation» unterworfen (man verzeihe dieses häßliche Wort — es benennt eine noch verabscheuungswürdigere Tat!). Im Namen des «einen und unteilbaren» Frankreich vertraute die Dritte Republik (1871—1940) den Primarschulen die Mission an, aus den Bretonen «Franzosen wie alle anderen» zu machen — obwohl die Achtung regionaler Besonderheiten für alle ihre Bürger eine kulturelle Bereicherung hätte bedeuten können. Der Geschichtsunterricht beschränkte sich auf Frankreich und bestand vor allem aus den repetitionswürdigen Daten der Pariser Machthaber. Noch heute haben viele junge Bretonen noch nie von Nominoë oder Johann IV. sprechen hören. In diesem Ozean an Unwissenheit vermochten nur einige wenige Gestalten obenauf zu bleiben, so etwa Du Guesclin, weil er ein «guter Franzose» war, der die Engländer bekämpft hatte, oder die Herzogin Anne, weil sie Karl VIII. die Bretagne als Mitgift in die Ehe gebracht hatte, oder Jacques Cartier, weil er zwei Jahre nach dem Vertrag von 1532 — von dem man nicht sprechen durfte — Kanada für den französischen König entdeckt hatte.

Der Kampf gegen die bretonische Sprache war sozusagen der zweite Schlag dieser Umerziehungsmethode. Bereits die Französische Revolution hatte nach einigem Zögern die regionalen Sprachen und Dialekte bekämpft, da man mit Barrère der Ansicht war, daß «der Föderalismus und der Aberglaube niederbretonisch sprächen». Der Sprachforscher Fanch Morvannou erinnert jedoch zu Recht daran, daß die Hauptoffensive 1880 eröffnet wurde. Der Schulinspektor Carré, der es müde war, sich in der Niederbretagne «nur mit Zeichen verständigen zu können», wollte die Kinder «nicht nur dazu bringen, französisch zu sprechen, sondern auch französisch zu denken». Später erklärte Minister de Monzie: «Um der Einheit Frankreichs willen muß das Bretonische verschwinden.» Die Regierung widersprach sich nur zweimal: Im Ersten Weltkrieg legte man eine Staatsanleihe in Bretonisch auf, und wenig später versuchte man in Vorträgen, die in diesem «barbarischen Idiom» gehalten wurden, die Jungen zum Eintritt in die Armee oder zum Dienst in den Kolonien zu bewegen.

Eine der erfolgreichsten — und verabscheuungswürdigsten — Kampagnen gegen das Bretonische war jene des «Symbols», das auch «La vache» (die Kuh) genannt wurde. Jedes Kind, das man im Schulhof beim Bretonischsprechen ertappte, mußte ein «Pfand» nehmen und wurde nach der Pause bestraft, wenn es ihm nicht gelang, dieses Pfand einem anderen «Delinquenten» anzuhängen. Wer den «Schwarzen Peter» beziehungsweise die «Kuh» als letzter besaß, wurde gezüchtigt. Kommentar überflüssig.

Der Widerstand der Bretonen war gering, und im ganzen gesehen akzeptierte das Volk die Maßnahmen. So wurde das Kind — wie Pierre Jakez Hélias berichtet — zweimal bestraft: das erste Mal durch den Schulmeister und nochmals von den Eltern, die ihm die «Familienschande» vorhielten und ihm prophezeiten, es werde «nie zu mehr als zum Kühehüten nutze sein».

Doch ist diesen Eltern wohl kaum ein Vorwurf zu machen. Sie wußten, daß es in der Bretagne für ihren zahlreichen Nachwuchs keine Arbeit gab, und für die Auswanderung — auch nur innerhalb Frankreichs — war die perfekte Beherrschung des Französischen unerläßlich. So verlor sich das Bretonische noch mehr, und man führt das berühmte Beispiel an, in dem sich die bretonisch sprechende Großmutter nicht mit ihrem Enkel unterhalten kann, wenn die dolmetschenden Eltern nicht zu Hause sind.

Insgesamt muß dieser Kampf gegen das Bretonische, den man auch schon als «kulturellen Völkermord» qualifiziert hat, übrigens als Erfolg bezeichnet werden.

Agonie oder Aufbruch?

Glücklicherweise haben seit rund hundertfünfzig Jahren Schriftsteller und Dichter die bretonische Literatur neu belebt, in jeder Generation haben sich Stimmen erhoben, die den Unterricht des Bretonischen fordern, die wirtschaftlichen Interessen des Landes verteidigen und Strukturreformen verlangen, ohne die das Land seine Probleme nicht lösen kann.

Das Wiedererwachen eines sprachlichen und literarischen Bewußtseins fand in der Romantik statt. 1839, ein Jahr nach dem Tod des Grammatikers Le Gonidec, der das bretonische Vokabular bereinigt, die Syntax kodifiziert und die Orthographie reformiert hatte, erschien eine Gedichtsammlung, das «Barzaz Breiz», von Hersart de la Villemarqué. Der Autor gab sich als bescheidener Sammler von Volksliedern aus, die er mit einer Übersetzung und Erläuterung versehen habe. «Das ist größer als die Ilias!», rief George Sand, als sie eines der Gedichte, «Nominoës Tribut», gelesen hatte. Den Skeptikern, die ihn beschuldigten, alles erfunden oder zumindest verändert zu haben, geruhte Villemarqué nicht zu antworten. Neueste Untersuchungen ergaben, daß das «Barzaz Breiz» trotz mancher Auffrischungen oder bewußter Antikisierung durch den «Sammler» zum großen Teil authentische Texte birgt.

Der Einfluß dieses Buches war beträchtlich: Es gab den Bretonen — zumindest jenen, die es kennenlernten — ihren Nationalstolz zurück. Es weckte und weckt weiterhin literarische Berufungen in so verschiedenen Bereichen wie der Belletristik, der Lyrik, dem Theater. Und es erweist sich, daß das Bretonische alles auszudrücken vermag. Im 20. Jahrhundert wurden Dichter wie Y. P. Calloc'h, Romanciers wie Jakez Riou, Dramaturgen wie Tangi Malmanche, Verfasser satirischer Komödien wie Youenn Drezenn zu Klassikern der bretonischen Literatur. In der Zwischenkriegszeit verteidigte der Schriftsteller Roparz Hemon in seiner Zeitschrift «Gwalarn» hartnäckig seinen Anspruch, das Bretonische könne in allen Bereichen benutzt werden, also auch für die Übertragung fremdsprachiger Literatur oder wissenschaftlicher und technischer Werke; er wie seine Schüler bewiesen dies in der Folge auch. Manche Bretonischsprachige werfen ihnen vor, mit ein «Laborbretonisch» zu schaffen, doch können sich diese Strenggläubigen ja an den unvergleichlich reichen, reinen und dennoch volksnahen Texten von Yeun ar Gow oder Pierre Jakez Hélias delektieren. Manche unabhängigen Kleinstaaten haben bei weitem keine Literatur, die sich mit der bretonischen messen könnte; vor allem, wenn man bedenkt, daß auch unser französischsprachiges Schrifttum von beachtlicher Qualität ist.

Doch es genügt nicht, Bücher zu veröffentlichen — sie müssen auch gelesen werden. Nun sind die meisten Bretonischsprachigen auch heute noch wegen des Schulsystems in ihrer eigenen Sprache Analphabeten. Es fehlte seit 1870 weder an Petitionen noch an Gesetzesvorhaben zur Abhilfe. Doch waren die Regierungen während Jahrzehnten schwerhörig, wenn die bretonischen, korsischen, elsässischen, baskischen und okzitanischen Abgeordneten in schöner Einhelligkeit Unterricht und Pflege von Sprache und Kultur der französischen Minderheiten forderten. Man wagte ihnen zwar nicht so brutal zu erwidern wie der Revolutionär Mirabeau («Seid ihr Bretonen? — Die Franzosen befehlen!»), aber man verschob die Entscheidungen immer wieder auf den Sanktnimmerleinstag. Seit etwa fünfundzwanzig Jahren haben sich zwar die aufeinanderfolgenden Regierungen theoretisch verständnisvoller gezeigt, aber nur halbherzige Maßnahmen ergriffen: fakultativer Bretonischunterricht, freie Wahl des Bakkalaureats in Französisch oder Bretonisch (rund tausend wählen jedes Jahr die zweite Möglichkeit), einige Minuten Sendezeit für Bretonisch im Rundfunk und am Fernsehen, Schaffung eines Keltisch-Diploms …

Diese Maßnahmen sind nicht nur ungenügend, sie kommen auch viel zu spät. Das Unglück ist schon geschehen. Die Situation des Bretonischen ist nicht hoffnungslos, aber dramatisch: seit Beginn des Jahrhunderts ist die Zahl der Bretonischsprachigen von 1,3 Millionen auf etwa 700 000 bis 600 000 gesunken.

Selbstverständlich haben die aktiven Mitglieder der zahlreichen kulturellen Vereinigungen nicht auf offiziellen Segen gewartet, um Kurse zu organisieren, bretonische Grammatiken zu verteilen, die Sprache in Lehrbriefen zu unterrichten oder Ferienlager für Bretonischsprachige durchzuführen. Das wichtigste Ereignis der letzten Jahre ist der wachsende Erfolg der Assoziation «Diwan» (Samen), die dank der Spenden von Eltern überall Kindergärten und Primarstufenschulen mit Bretonisch als Schulsprache eröffnen.

Und wenn auch das Bretonische in der Niederbretagne auf dem Land weiterhin an Boden verliert — es gibt mehr und mehr «Neubretonische» im ganzen Land, so daß der alte Sprachunterschied zwischen Hoch- und Niederbretagne sich zunehmend verliert.

Doch was nützte es, die bretonische Kultur zu verteidigen, wenn die jungen Bretonen weiterhin gezwungen sind, in französisch- oder englischsprachigen Ländern Arbeit zu suchen. Vor etwa dreißig Jahren hatten sich Abgeordnete aller Richtungen und Vertreter der Wirtschaft im CELIB (Comité de défense et de liaison d'intérêts bretons) vereinigt und den «industriellen Start» der Bretagne beschlossen; in verschiedenster Form geht dieser Kampf noch heute weiter. In den sechziger Jahren entstanden neue Fabriken, doch bleibt das wirtschaftliche Netz der Bretagne weitmaschig. Ab 1975 häufen sich die Konkurse — die weltweite Krise trifft heute die Bretagne in allen Bereichen: Viehzucht und Fischfang, in der Nahrungsmittel- wie in der Textilindustrie, im Schiffbau wie im Baugewerbe. Die Arbeitslosigkeit erreicht besonders bei den Jugendlichen einen der höchsten Prozentsätze Frankreichs.

Trotzdem gibt es ein ermutigendes Anzeichen: Die jungen Bretonen wollen nicht mehr auswandern und manifestieren eine immer stärkere Bindung an ihre Heimat. Dies belegen alle Umfragen, und die Volkszählung von 1982 zeigte, daß die Bilanz der Wanderungsbewegungen für die Bretagne wieder positiv geworden war. Dies erklärt sich zum einen aus der Rückkehr vieler Rentner, aber auch durch die Abschwächung der Emigration. Die Verbesserung der Arbeits- und Lebensbedingungen hängt natürlich von zahlreichen externen Faktoren ab; mitentscheidend bleibt aber die Begeisterung der Jugend, ihre Heimatverbundenheit, ihr Wille zur Veränderung.

Weder die kulturellen noch die wirtschaftlichen Schwierigkeiten der Bretagne können gelöst werden, solange die grundlegenden Entscheidungen weiterhin von einer weit entfernten Hauptstadt abhängen, die andere Sorgen umtreiben. Dem Pariser Zentralismus muß der Prozeß nicht mehr gemacht werden. Die französischen Nachkriegsregierungen haben immer wieder zugegeben, daß die Minister mit Dossiers aus ganz Frankreich überschwemmt würden, die sehr wohl an Ort und Stelle geprüft und entschieden werden könnten; sie haben das Hohelied der Dezentralisation verkündet, die schnellere Entscheidungen durch Sachkundige erlaube und das Leben in der Provinz demokratisiere.

Doch ist ein weiter Weg vom Wort zur Tat. Das jahrhundertealte Mißtrauen der Pariser Verwaltung gegenüber den Regionen, das ebenso stark wie unser Unabhängigkeitswillen ist, die Verweigerung des Dialogs und die nicht eingehaltenen Versprechen haben Zorn und oft Gewalt erzeugt, wie die Attentate des FLB (Front de libération de la Bretagne) gegen Kasernen, Verwaltungsgebäude, eine Fernsehstation bezeugen.

Die allgemeine Volkswahl künftiger Regionalparlamente, die für 1984 vorgesehen ist, wird einen echten Fortschritt bedeuten. Allerdings müssen diese Institutionen mehr Entscheidungsbefugnisse als die ehemaligen «Conseils régionaux» und dementsprechende finanzielle Mittel erhalten. Ebenso wichtig ist, daß unser Land schnellstens wiedervereinigt wird: Die Pétain-Regierung hatte ja das Departement Loire-Atlantique eher zufällig von den anderen bretonischen Departementen gelöst.

So könnten denn die Bretonen wieder zu einem gut Teil Meister ihres eigenen Schicksals werden; und zum erstenmal würde ein repräsentatives Parlament in Frankreich, in Europa und in der ganzen Welt für die Bretagne sprechen.

Normannische Facetten

Die Normandie tritt erst mit der Ankunft der Wikinger in Westeuropa — nachdem diese einen großen Teil des westfränkischen Neustrien erobert hatten — auf die Bühne der Geschichte. Sie erscheint schnell als vom Schicksal begünstigtes Land, als beispielhafter Organismus. Die Geburt des neuen Staats erfolgt in zwei entscheidenden Etappen in den Jahren 911 und 933. Nachdem aus den nordischen Seefahrern Lehnsträger des fränkischen Königs geworden waren, die das Reich im Norden zu verteidigen hatten, erlangten die Normannen ihre vollständige Unabhängigkeit dank einer seltenen Gabe sowohl kriegerischer wie ziviler Art, eines angeborenen Ungestüms, das ihnen einen zuerst europäischen und schließlich weltweiten Einfluß sichern sollte. Dafür dürfte ihre Seeräuber-Herkunft nicht allein verantwortlich sein, hinter ihrer Heftigkeit und Kampflust verbarg sich eine gesellschaftliche Verfeinerung, welche die Unterlegenen nie wahrhaben wollten. Allein schon die Konzeption des Wikingerschiffs als wichtigstem Zeugnis dieser Kultur beweist dies, doch auch die unmittelbar einsetzende Blüte der normannischen Kunst und Architektur darf als Ergebnis dieser bereits bestehenden Zivilisation gewertet werden.

Die Stärke der Normannen wird durch die Eroberung Englands im Jahre 1066 besonders augenfällig und hätte sich noch deutlicher in der Unterwerfung Frankreichs zeigen können, hätte nicht der Tod Wilhelms des Eroberers — 1087 in Mantes — den bereits geschlagenen König Philipp I. gerettet. Die Normandie reichte nun bis Pontoise, von wo aus man den Rauch der Pariser Schornsteine sehen kann.

Philipp II. August gelang es zwar, die Normandie wieder ins Reich zurückzuholen, doch die zweihundert großartigen Jahre der Selbständigkeit genügten, um ihr einen vordersten Platz unter den französischen Provinzen zu sichern. Sie ist eine der fruchtbarsten Regionen geblieben: Ludwig XI. war stolz darauf, daß sie ein Sechstel zur königlichen Schatulle beitrage. Doch der Erfolg beschränkt sich nicht auf materielle Werte — die Normandie ist eine der herausragenden «Brutstätten» französischen Geistes geblieben.

Fünf Departemente: Seine-Maritime in der nördlichen Obernormandie, Eure und ein Teil des Calvados im mittleren Teil, der Rest des Calvados und die Manche in der Niedernormandie. Das Departement Orne ist um das Perche erweitert worden, das die normannischen Herzöge nie ganz unterwerfen konnten. Heute ist die Annexion vollständig: Alençon ist eine durch und durch normannische Stadt.

Doch eigentlich wird die Normandie viel stärker durch die Gesamtheit ihrer «pays» als durch diese offizielle Nomenklatur bestimmt. Diese folgen alten, heute eher fließend gewordenen Grenzziehungen, die aber dennoch erstaunlich einheitliche und unverwechselbare Regionen umschreiben. Der Reisende tut gut daran, sich nach dem Namen des jeweiligen «pays» zu erkundigen, er wird sein Wesen um vieles besser verstehen.

Die wichtigsten dieser «Länder» sind von Osten nach Westen Pays de Caux, Lieuvin, Pays d'Ouche, Pays d'Auge, Bocage, Passais und Cotentin. Sieht man die Normandie als üppige junge Frau, dann sind die Länder kräftige Knaben, gesund und von je eigenem Naturell, die ihre Hüften umringen — einige Töchter auch, die mit der strahlend schönen Mutter wetteifern: die Campagne du Neubourg, die Plaine Saint-André, die Plaine de Caen, alle blond wie das Korn, das sie bekränzt.

Unser großer Strom ist die Seine, die das Land kaum verlassen zu können scheint. Heute weiß man die Schönheiten des Seinetals zu würdigen, die wegen der Nähe der Hauptstadt lange verborgen blieben: sie waren zu nah, um gesehen zu werden. Die Seine zieht mit geradezu königlicher Gelassenheit von den weißen Felsen im Osten zu den weiten, heiteren Wiesen im Westen; fern jeder Engnis, mit einem besonderen Licht, das von den Kreidemauern und grünen Feldern auszustrahlen scheint. Eine Fülle landschaftlicher und architektonischer Kostbarkeiten spiegeln sich in ihren Wassern: schier unerschöpflich fruchtbare Felder und Städte, die von Goldschmieden gearbeitet zu sein scheinen. Die Seine wird erst in der Normandie zum «touristischen» Strom, hier, wo ihr majestätischer Lauf — der schon ab Rouen die Nähe des Meeres ahnen läßt — die ganze Landschaft prägt.

Und der erste Platz wird ihr auch nicht streitig gemacht. Außer der Eure entwässern alle anderen Flüsse der Normandie nur gerade die Küstenregionen. Doch auch sie bieten unverwechselbare Eigenarten und besondere Schönheiten. Die geheimnisvolle Risle, die sagenumwobenen Touques und Dives, die glitzernde Orne und die so klare Vire … sie scheinen es alle recht eilig zu haben und streben hurtig dem Meer zu. Es gehört zu den charakteristischen Reizen der normannischen Flüsse und Bäche, daß sie in einem gefüllten

Bett dahinströmen, mit kaum merklichen Böschungen, als silberne Bänder ohne Schatten und Nischen, ideal für den Angler, welcher der Forelle mit der Fliege nachstellt. Die Normandie besteht überwiegend aus wenig hohen Plateaus, die von grünen Tälern zerschnitten werden; die Hügel bleiben niedrig, wirken aber dank des sonst einförmigen Reliefs viel höher und beeindruckender, als sie eigentlich sind. Fast alle diese Anhöhen sind von Wäldern bedeckt, deren üppige Vegetation mit jener der Felder wetteifert.

Die normannischen Küsten mit ihren Steilabfällen, den Falaises, und ihren Sand- und Kieselstränden gehören zu den schönsten Frankreichs. Mächtige Kliffs östlich der Seine werden im Westen von Sand- und Kieselstränden abgelöst, die sich bis zu den wieder ansteigenden Granitküsten des Cotentin hinziehen. Die weißen Kreidemauern der Falaises sind von geradezu epischer Strenge, die Strände unendlich weit und einladend. Etretat mit seinen Gewölben, Felsentoren und elfenbeinfarbenen Bastionen überwältigt den Betrachter immer wieder, auch wenn die spektakulärsten Formationen beinahe zu häufig abgebildet wurden. Und die Strände zwischen der Touques und der Dives gehören nach wie vor zu den schönsten natürlichen Arenen des Seebadbetriebs, der ja hier in der Normandie «erfunden» wurde: zuerst von der Herzogin von Berry in Dieppe, dann von Alexandre Dumas und dem Grafen Morny in Trouville und Deauville, wo die mondäne Welt von den Stränden Besitz ergriff.

Eine der Besonderheiten der Normandie ist ihr sowohl maritimer wie kontinentaler Charakter. Üblicherweise verurteilen das Meer und die Küstenregionen das Hinterland zur Bedeutungslosigkeit — die See ist eine eifersüchtige Geliebte. In der Normandie jedoch sind die beiden Bereiche gleichgewichtig.

Der Wechsel vom Kriegshandwerk zu Feldarbeit und ländlicher Lebensweise verlangte von den ersten Herzögen sicherlich beträchtliche Anstrengungen. Der Wandel erfolgte jedoch erstaunlich rasch und blieb beständig. Das von sechzig Kriegsjahren verwüstete Land — es war so ruiniert, daß seine Bewohner darum baten, die Bretagne zu plündern, um nicht zu verhungern — erholte sich beinahe augenblicklich. Normannischer Schwung und normannische Hartnäckigkeit waren Faktoren, die das von karolingischer Lebensart geprägte Neustrien nicht gekannt hatte. Ein gewaltiges Roden und Trockenlegen hub an und sollte über fast ein Jahrtausend fortdauern. Die Leibeigenschaft war kaum üblich, und der freie normannische Bauer nahm das Gefühl für sein Recht und seinen Besitz sozusagen mit der Muttermilch auf. «Jeder ist sein eigener Herr», wurde zur allgemeinen Losung — und dieser so befruchtende Stolz hat sich bis heute kaum verändert ...

Man wetteiferte bei der Nutzung von Meer und Boden. Kaum ein Hafen, der nicht schon damals angelegt worden wäre, kein Streifen Land, den man hätte brachliegen lassen — außer den Wäldern, aus denen man natürliche Schutzwälle machte. Städte wurden gegründet, Schlösser und Kirchen gebaut, und später entstanden, begünstigt vom wachsenden Überseehandel, die ersten Manufakturen.

Die Normandie hat zwei Hauptstädte: Rouen und Caen. Caen galt die besondere Liebe Wilhelms des Eroberers, der dort begraben werden wollte. Rouen ist die Stadt der Pracht, des Grandiosen, des Pittoresken insbesondere. Seine Lage an der Seine, deren Tal sich hier endgültig zur Ebene weitet, begünstigt die Vielfalt seines Erscheinungsbildes noch. Rouen ist auch die Stadt der Gotik, der Zinnen, der zahllosen Kirchturmspitzen, der strahlenden Portale, der überreich geschmückten Herrschaftshäuser. Die Bombardements des Zweiten Weltkriegs haben ihre Pracht lädiert, aber nicht zerstört. Rouen hat gelitten, aber die wichtigsten Bauwerke blieben erhalten. Der Reichtum der Stadt wurde vom Großhandel begründet, von den alteingesessenen Handelshäusern, die mit Tuchen, Wolle, Spitzen handelten; all dem, was als «rouenneries» Eingang in die französische Sprache fand. Nach einem Sprichwort sollen die Rouenneser nur immer von den Zinsen und Zinseszinsen gelebt und so unermeßliche Reserven angehäuft haben. Wie dem auch sei, von Geiz kann angesichts des architektonischen Reichtums keinesfalls gesprochen werden.

Man bezeichnet Rouen manchmal als museal, und das ist sicher berechtigt, solange man damit die Ballung von Sehenswürdigkeiten meint — der Aspekt des Verstaubten, der Friedhofsruhe aber wäre falsch: Rouen lebt mit all seinen Fasern. Und es ist gerade diese Vitalität und Betriebsamkeit, die sein Martyrium schnell vergessen lassen. Alles ist auf den Strom und die Kathedrale ausgerichtet, die selbst wie ein majestätisches Flaggschiff wirkt, dessen Begleitboote hier als Gefolge von Anbauten, Erweiterungen, sakralen und säkularen Zellen in seinem Kielwasser schwimmen: ein riesiger, gestrandeter himmlischer Ozeandampfer, dessen gigantische Dimensionen durch Bombardierung und Brand erst richtig deutlich wurden.

Das ursprünglich romanisch geprägte Caen, das im Zweiten Weltkrieg zu drei Vierteln zerstört wurde, ist von ganz anderer Art. Caen ist weniger überladen, offener und dennoch geheimnisvoller in seinem Eigenleben. Rouen erobert, Caen verzaubert den Besucher. Man wird von seiner Vornehmheit und Stille gefangengenommen, während die Geschäftigkeit Rouens überwältigt. Dabei ist die Hauptstadt der Niedernormandie keineswegs eine tote oder sterbende Stadt; sie ist in bescheidenerem Umfang ebenfalls ein Handelsplatz, der allerdings mehr ländlich ausgerichtet ist. Ihre Baudenkmäler sind nicht so «geschwätzig», zurückhaltender, aber nicht weniger ausdrucksvoll. Caen besticht eher durch schlichte Größe als durch Opulenz. Hier war der Mittelpunkt das von Bomben zerschlagene und heute weitgehend restaurierte Schloß zwischen den beiden Klöstern Abbaye aux Hommes und Abbaye aux Dames.

Die schon erwähnten Aspekte der Normandie finden

sich in den beiden Hauptstädten belegt. Die Seefahrt bereichert Rouen, wo die letzten Gezeitenwellen verebben, und erfüllt es mit exotischen Düften; die Landschaft scheint das zwischen Feldern und Wiesen liegende Caen zu bestürmen.

Geistige Kontinuität zeichnet beide Städte aus, doch befinden sich die normannischen Fakultäten zu Recht in Caen. Das marktschreierische Treiben Rouens wäre wohl studentischem Lernwillen eher abträglich.

beinahe einschläfernd, wenn auch vornehm. Beide Städte sind reich an Kunstdenkmälern und von bestrikkend klarer Anlage. Glückliche Städte, in denen sich neben großen Vermögen scheinbar endlose Träume ansammeln, aus denen unvermittelt entscheidende Taten erwachsen können. Diese Städte und Städtchen sind sozusagen die Garnisonen der normannischen Reserve, die den von den Zentren benötigten Nachschub an Tatkraft sicherstellen.

Caen nach einem Stich von 1843.

Le Havre ist die Endstation des Pariser Hafens, während Rouen heute eines seiner Zwischenlager bildet. Die Stadt war zusammen mit Marseille für Waren wie für Reisende das große Tor zur Neuen Welt. Das Wesen Le Havres ist von nochmals anderer Art als das der beiden Hauptstädte. Unternehmerisch und von Zweckmäßigkeit bestimmt, kann hier nichts mechanisiert, groß und modern genug sein. Der Hafen wird beständig ausgebaut und erweitert — ein Unterfangen, das wohl nie ein Ende hat —, der Herzschlag der Stadt hallt im dumpfen Stampfen der Schlepper wider, ihre Stimme in den schrillen Warnsignalen der Schiffshörner. Die Havrais eignen sich seit jeher nach gründlicher Prüfung das Beste ausländischer Technologie an und schafften so auch den schnellen Wiederaufbau eines Hafens, den man nach dem Krieg als den «am meisten verwüsteten der ganzen Welt» bezeichnete.

Neben diesen blühenden und ausufernden Städten wirkt die friedliche Stille von Evreux oder Alençon

Der letzte der Provinzhauptorte, Saint-Lô, war nach dem Krieg nur noch Erinnerung und Alptraum — die «Hauptstadt der Ruinen», hat sich jedoch seither wieder zu einem blühenden modernen Zentrum entwickelt, und auch im schwer getroffenen Cherbourg sind die Spuren der Entscheidungsschlacht vom Juni 1944 verschwunden.

Neben den offiziellen hatte die Normandie immer auch heimliche Hauptstädte, deren Rang zumeist in ihrer vergangenen Größe gründet: so etwa das vom Krieg wunderbarerweise verschonte Bayeux mit seiner Kathedrale, die aus grünen Wiesen in den Himmel emporwächst und unter deren Strebebogen sich die Häuser wie verängstigte Küken zu ducken scheinen. Bayeux besitzt das erstaunlichste und einmalige Dokument des 11. Jahrhunderts, den «Teppich der Königin Mathilde» oder kurz «Teppich von Bayeux», der 1792 als Wagenplane gedient hatte und nur mit viel Glück gerettet werden konnte. Oder das beim Rückzugsgefecht von

1944 bis zur Unkenntlichkeit zerstörte Falaise, unsterblich geworden durch die Romanze zwischen der hübschen Gerberstochter Arlette und dem siebzehnjährigen Prinzen Robert dem Teufel, der auch der Herrliche und der Freigiebige genannt wird. Dieser Verbindung entsprang Wilhelm der Bastard, welcher als der Eroberer in die Geschichte einging und Stammvater der großen westeuropäischen Fürstenhäuser wurde. Da gab es auch Valognes, gepudert, höfisch,

der Richtschnur getrimmte Hecken, die davon zeugen, daß man keine Ausgaben für den Gärtner scheut.

Die Parade der normannischen Herrschaftssitze entspricht jener der Kirchen. Ja, sie ist möglicherweise noch interessanter und überraschender, denn die Gotteshäuser sind in den Dienst eines Herrn gestellt, dessen Geschmack seit langem unverändert scheint, während die Wohnsitze der Menschen ihre Besonderheiten und Vorlieben reflektieren. Seit einigen Jahren sind viele

Cherbourg nach einem Stich von 1843.

wo die «gentilhommes» den letzten Schliff erhielten. Der Ort wurde 1944 dem Erdboden gleichgemacht und ist als moderne Kleinstadt wiedererstanden. Coutances blieb erhalten — zumindest mit der Kathredrale von Geoffroy de Montbray, die über dem Meer thront und deren Türme mit unvergleichlichem Elan himmelwärts stürmen.

Und all unsere Schlösser! Sie sind eine der seltsamsten Manifestationen der spezifisch normannischen Energie, noch immer zahlreich und gut erhalten. Manchmal hat man den Eindruck, in der Normandie habe es einen kollektiven Baurausch gegeben; und auch heute noch verleitet die Lust am Bauen und Ausbessern auch den Bescheidensten zu budgetsprengender Unvernunft. Nur bei uns finden sich beispielsweise Einfriedungen, die oft kostspieliger sind als das, was sie umschließen; viel zu große Häuser; Ausgaben und Aufwand, die sich durch nichts rechtfertigen lassen; bis zur Lächerlichkeit zurechtgestutzte Bäume oder nach

Schlösser in Gemeinbesitz jeglicher Art übergegangen, andere zerfallen, aber das scheint angesichts ihrer Zahl — oft ein Dutzend pro Bezirk — vernachlässigenswert.

Haute-Normandie und Basse-Normandie wetteifern miteinander. Alle ihre Schlösser aufzuzählen, wäre ermüdend, doch einige seien doch der Aufmerksamkeit des Touristen besonders empfohlen. Nördlich der Seine lohnen Eu, Cany und Bailleul einen Besuch, südlich davon Beaumesnil, eines der schönsten französischen Schlösser, oder Balleroy, Champ-de-Bataille, Ouilly-le-Château ... Fontenay und Thury-Harcourt sind verschwunden, doch prägt ihre Erinnerung noch immer die glutvolle Landschaft, die sie beherrschten. Zu diesen edlen Namen kommt eine Unzahl schöner Landsitze und eleganter Manoirs, wo der Stein oder Ziegel durch Fachwerk abgelöst wurde. Sie wirken oft wie kostbare Phantasien, die das Schloß daneben als kalt erscheinen lassen. In Tat und Wahrheit wirken die normannischen Schlösser zwar wegen ihrer massiven Bauweise auf den ersten Blick oft abweisend, doch entfaltete sich in ihren vornehm-schlichten Mauern vom 16. bis 18. Jahrhundert ein familiärer Lebensstil, dessen Perfektion von höchster Menschlichkeit und Gastfreundschaft zeugt. Das Manoir dagegen ist vordergründig, ganz spielerische Offenheit und Vertrautheit, doch war es in Wirklichkeit wohl eher Ausdruck zurückhaltendster Gastlichkeit und egoistischer Abgrenzung. Im Pays d'Auge ergänzen viele dieser zwischen Bäumen und Blumen versteckten Sitze den Zauber seiner grünen Felder und sanft geschwungenen Hügel. So ist zum Beispiel das Manoir von Chiffretot kaum mehr als eine Klause, geschaffen für zwei, drei schöngeistige Landedelleute, mit Salons, die kaum Platz für mehr als ein Tête-à-tête bieten … Doch haben Lebensfreude, Phantasie, Poesie diese Dächer entworfen, dieses verblichene rosa Fachwerk ausgestrichen, die Kämmerchen und Nischen aufgeteilt, in denen die empfindsame Seele ihrer selbst bewußt werden konnte. Die Ruinen verdienen trotzdem einen Besuch, man wird immer irgendein entzükkendes Detail entdecken, einige Spuren dieses guten Geschmacks, dieser Liebenswürdigkeit, die das Leben aller Gesellschaftsschichten unserer Provinz bestimmt zu haben scheint.

Die Normandie blieb noch lange nach der Revolution eine der letzten Domänen der französischen Aristokratie. Nicht nur wegen ihrer großen Familien — allein im Pays d'Ouche waren sechs Herzogshäuser domiziliert —, sondern wegen eines besonderen Zuges ihrer Bewohner, der Städter und noch viel mehr der Landbevölkerung, die sich bis heute ein ausgeprägtes Kastendenken mit einer Hierarchie der Notabeln erhalten haben. Die — oft verarmten — großen Familien halten sich mit lächelnder Zähigkeit in den Häusern ihrer Vorfahren, und auch der letzte Rüpel hat etwas von dieser Eigenschaft bewahrt. Außerdem verbindet eine ungewöhnliche Familiarität Schloßbesitzer und Bauern, als wäre die ganze Provinz eine einzige große Familie mit armen und reichen Verwandten, wie in einem schottischen Clan, in dem die einen auf den Erfolg der anderen stolz sein können, weil sie dazugehören, dieselbe Großmutter haben, demselben Boden entstammen.

Die normannische Kultur brachte immer wieder herausragende Köpfe hervor — Romanciers, Dichter, Ärzte, Künstler, als sei der ursprüngliche Tatendrang, welcher die Normannen auf Eroberungszüge, Entdeckungsreisen, Wanderungen trieb, in einen «Ausdruckszwang» verwandelt, in die Lust am Forschen und an künstlerischem Tun.

Die Klöster waren so zahlreich, daß ihnen die Hälfte des Bodens gehörte oder zumindest ihrer Gerichtsbarkeit unterstand. Sie waren nicht allein Horte der Frömmigkeit, sondern auch der Wissenschaft und Kunst. Ihr geistiger wie wirtschaftlicher Einfluß kann heute kaum mehr ermessen werden. Die Abbaye du Bec in der Nähe von Brionne war während eines ganzen Jahrhunderts *die* Akademie der christlichen Welt, in der Lehrer und Schüler aus Frankreich, England und Italien zusammen-

trafen. Hier wurde das Dogma der Eucharistie formuliert, und hier, am Ufer der Risle, fand es seine eifrigsten Verkünder und Verteidiger. Die Abtei von Saint-Évroult soll die englische Universität Cambridge gegründet haben; und das Kloster auf dem Mont-Saint-Michel — Grenzjuwel der Provinz — vereinigte unter dem Schwert des Erzengels, dieses christlichen Apolls, all jene, die nach Wissen, Gerechtigkeit, Schönheit dürsteten. Die Äbtin von Montivilliers war in der französischen Hierarchie die zweithöchste Dame, unmittelbar nach der Königin. Kunst und Dichtung wurden so beinahe unabsichtlich, allein schon durch die Nähe zum Hof und zur übrigen europäischen Geisteswelt, gefördert — eine selbstverständliche Art der Bildung, die jeder anderen überlegen ist.

Der Beitrag der Normandie zur französischen Literatur kann sich mehr als sehen lassen: vom Rolandslied über Malherbe, Mézeray, Corneille, Saint-Amant, Barbey d'Aurevilly zu Flaubert und Maupassant. In der Baukunst schuf die Normandie eine unverwechselbar heitere, reiche Romanik, die Gotik erreichte hier einen ihrer Höhepunkte, und bereits um 1020 hatten die Baumeister der Merveille des Mont-Saint-Michel, eine achtzig Meter hohe Kirche auf der Spitze einer Pyramide geplant. Oder unsere Maler wie Restout, Jouvenet, Poussin, Géricault, Millet, Monet … Und nicht zuletzt die Wissenschaftler: brillante, eigenständige Köpfe wie Salomon de Caux, Laplace, Leverrier, der Herzog von Broglie …

Doch lassen wir einmal alles Verstandesmäßige, alles Begreifenwollen beiseite, denn die Normandie muß zuallererst mit den Sinnen erfaßt und geliebt werden. Ihre sinnliche Kraft ist das entscheidende Element, ja das Geheimnis ihres Erfolgs. Die Normandie bestätigte sich vor allem durch Überfluß und Lebendigkeit, verkörpert in dem bereits zitierten Bild der üppigen jungen Frau. Landschaftlich bietet sie kaum je überwältigende Ausblicke oder grandiose Szenerien, doch triumphiert sie mit der Schönheit der Details. Kein Gras ist ihrem Gras ebenbürtig; ihre Bäume sind mächtiger, ihre Wasser schneller, ihre Blumenteppiche farbiger als anderswo. In begrenzten Ausschnitten behauptet sie sich noch besser und ist von geradezu vollendeter Überfülle. Die Normandie liegt genau in dem Teil der Welt, wo sich Regen und Sonne nicht gegenseitig verfolgen, sondern zusammenwirken, damit Boden und Wetter das Beste hervorbringen.

Sie kennt weder glühende Hitze noch bissige Kälte. Die normannische Landschaft besteht — auf den einfachsten gemeinsamen Nenner gebracht — aus einer Wiese, einem sprudelnden Bach und drei Kühen; Elementen, die sich selbst genügen und sowohl eine körperliche Zufriedenheit als auch überströmende Freude erzeugen können.

Was in der Normandie zählt, ist die *Materie,* würde der Maler sagen, also die Qualität eines Bildes, die nicht von seiner Aussage oder seinem Motiv abhängt, sondern von seiner Komposition, der Farbe, dem inneren

Aufbau, und die erst eigentlich das Kunstwerk ausmacht. Es ist das *Be-Greifbare,* würde der Bildhauer sagen, jene subtilen Werte der Form und des Raums, die das Geheimnis vordergründigen Lebens bergen.

Diese Qualitäten machen unsere Eigenart [...] aus, diese tiefverwurzelte, die ganze normannische Materie durchströmende und erfüllende Kraft: nichts Exotisches und nichts Drückendes, nichts Kümmerndes und nichts Düsteres, kaum Schwärmerisches, glücklicher

der, aufbrechender Fruchtbarkeit. Alles schwillt an, schmückt sich, glänzt, blüht, sogar die Dächer, die Mauern, die Wasser. Man fährt zwischen strauchhohen Blumenbuketts und blühenden Wäldern durch, und der Atem der Erde steigt über die Hügel hinauf in den dunstigen Himmel; die Sonne wird matt, trödelt und verblaßt zwischen dem blühenden Flieder, dessen Blüten und Rispen sich mit einem Nimbus schmücken.

Vergessen wir längst versunkenen Hochmut, die

Le Havre nach einem Photo von 1900.

weise, aber ein Wissen um die eigene Stärke, die Selbstsicherheit gibt.

Gewiß muß man zugeben, daß etwa der mediterrane Frühling mit blühenden Mandelbäumen und Mimosen stets ein neues Wunder der Natur ist, doch immer erinnert irgendwo der nackte Fels an den ewigen Winter des Basalts oder Kalksteins. Hier in der Normandie wird der Frühling zur umfassenden Apotheose keimen

ruhmreiche Geschichte, die Eroberungen; freuen wir uns an der aufbrechenden Knospe zwischen dem behauenen Stein, an der Rose, die sich an der Backsteinmauer emporrankt und sie rosa einfärbt, an den prächtigen Tieren, den lachenden Kindern ...

Laßt uns auf den unabänderlichen Gesang des Lebens hören und das Erbe unserer Vorfahren, das ihn begleitet, weitergeben.

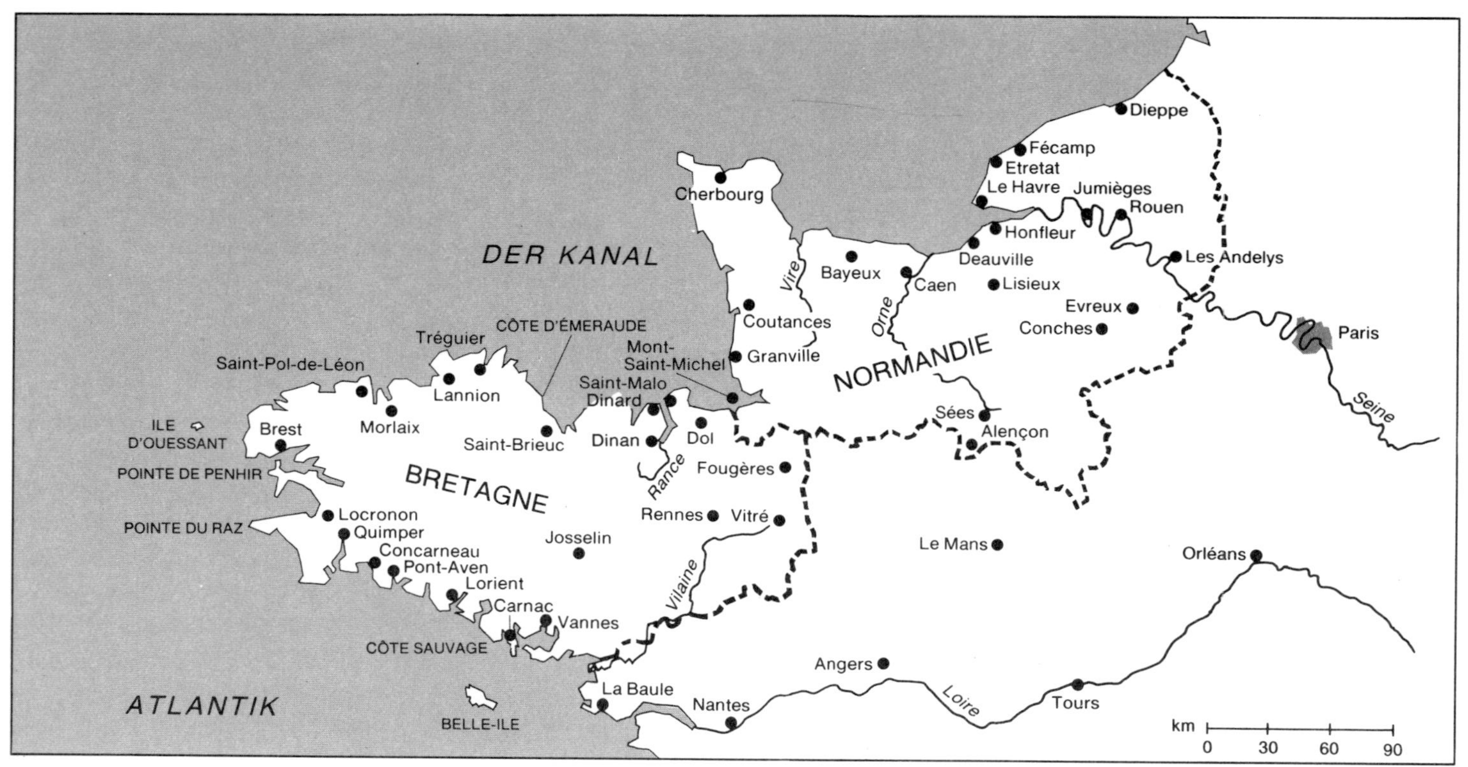

Register

Kursive Ziffern bezeichnen Bild-
legenden.

220

Literaturhinweis

Beck, B.: L'économie de la région Normandie. Editions Marketing, Paris 1975.
Brunet, R. (Hg.): Bretagne, Normandie, Poitou, Vendée, Charante. Reihe: Découvrir la France. Larousse, Paris 1972.
Flatres, P. und Burnet, L.: La région de l'Ouest. P.U.F., Paris 1964.
Fremont, A.: Atlas et géographie de la Normandie. In: Papy, L. (Hg.): Atlas et géographie de la France moderne. Flammarion, Paris 1977.
Guilcher, A. und Diville, W.: Bretagne et Normandie. P.U.F., Paris 1951.
Kiesbauer, Heinz: Bretagne kennen und lieben. LN, Lübeck 1979 (2. Aufl.).
Le Gallo, Y.: Bretagne. Arthaud, Grenoble 1969.
Le Lannou, M.: Géographie de la Bretagne. 2 Bände. Plihon, Rennes 1950/1952.
Le Rhun, P.Y.: Géographie économique de la Bretagne. Editions Breiz, Rennes 1973.
Meynier, A.: Atlas et géographie de la Bretagne. In: Papy, L. (Hg.): Atlas et géographie de la France moderne. Flammarion, Paris 1976.
Michelin: Bretagne (Reiseführer). Paris 1980.
Michelin: Normandie (Reiseführer). Paris 1981.
Müller-Marein, J. und Krahmer, C.: 25mal Frankreich. Piper, München, Zürich 1982 (3. Aufl.).
Musset, R.: La Bretagne. Colin, Paris 1937 (mit zahlreichen Neuauflagen).
Musset, R.: La Normandie. Colin, Paris 1960.
Philipponneau, M.: Debout Bretagne. Saint-Brieuc 1969.
Récits et contes populaires de Bretagne. Gallimard, Paris 1978.
Récits et contes populaires de Normandie. Gallimard, Paris 1979.
Rother, F. und A.: Die Bretagne. DuMont, Köln 1978.
Schäfke, W.: Die Normandie. DuMont, Köln 1981.
Staudt, G. und Peuckert, W.-E.: Nordfranzösische Sagen. Schmidt, Berlin 1968.

Quellennachweis

Aubert, O.-L.: Légendes traditionnelles de la Bretagne. Saint-Brieuc 1931. Text Seite 120, 152.
Flaubert, Gustave: Par les Champs et par les Grèves. Paris 1914. Text Seite 84.
Heath's Picturesque Annual for 1834. London 1834. Bilder Seite 6, 113.
Janin, Jules: La Bretagne. Paris 1844. Bilder Seite 12, 13, 14, 78, 79, 80, 81, 82, 109, 110.
Janin, Jules: La Normandie. Paris 1843. Bilder Seite 70, 72, 114, 115, 116, 117, 118, 138, 150, 216, 217.
Keller, A. und Seckendorf, E. von: Volkslieder aus der Bretagne. Tübingen 1841. Text Seite 16.
L'Hermitte, Charles (1881 – 1954): Bilder Seite 142, 143, 210.
Le Scal, Yves: Segelschiffe. Luzern und Frankfurt/M. 1977. Bild Seite 219.
Omnès, Robert: Karten Seite 186, 188.
Werner, Florian: Bilder Seite 42 (2), 44, 75, 106, 107, 149, 213 (2), Schmutztitel, Haupttitel.

AD PEVENE SÆ:-